KB053125

학교의 배신

A DIFFERENT KIND OF TEACHER
by John Taylor Gatto

학교의 배신

초판 1쇄 인쇄 2015년 7월 15일 초판 1쇄 발행 2015년 7월 20일

글쓴이 존 테일러 개토 옮긴이 이수영 펴낸이 현병호 편집 김도경 김경옥 펴낸곳 도서출판 민들레
출판등록 1998년 8월 28일 제10-1632호 주소 서울시 성북구 보문로 34가길 24
전화 02-322-1603 전송 02-6008-4399 이메일 mindle98@empas.com 홈페이지 www.mindle.org

ISBN 978-89-88613-60-3 (03370) 책값은 뒷표지에 있습니다.

이 도서의 국립중앙도서관 출판예정도서목록(CIP)은 서지정보유통지원시스템 홈페이지(http://seoji.nl.go.kr)와
국가자료공동목록시스템(www.nl.go.kr/kolisnet)에서 이용하실 수 있습니다. (CIP 제어번호 : CIP2015017616)

학교종은 누구를 위하여 울리나

학교의 배신

존 테일러 개토 씀 · 이수영 옮김

민들레

차례

문제 속에 답이 있다

시험 볼 때면 선생님들은 흔히 이렇게 말합니다. 문제를 잘 읽어보라고, 문제 속에 답이 있다고. 다른 문제도 마찬가지가 아닐까요. 당면한 문제를 제대로 꿰뚫어보면 해답은 찾을 수 있기 마련입니다. 교육문제가 잘 풀리지 않는 것은 우리가 그 문제를 직시하지 않기 때문이 아닐까요. 어쩌면 우리는 학교가 정말 개혁되기를 바라지 않는 것인지도 모릅니다. 학교가 획기적으로 바뀌면 이러한 학교체제에 기대고 있는 수많은 기득권이 위협받게 될 테고, 경제체제 또한 바뀌어야만 할 테니까요. 이는 달리 말하면 경제적 사회적 조건이 바뀌지 않고서는 학교체제 또한 바뀌지 않는다는 말이기도 합니다.

그럼에도 더 이상 이런 학교체제로는 도저히 행복할 수 없다는 데많은 사람들이 공감하고 있습니다. 하지만 자신의 삶을 바꿀 만한 용기를 발휘하는 이는 드뭅니다. 대개는 '체제 먼저, 너 먼저'를 중얼거리며 세태에 휩쓸려 갈 뿐이지요. 교육의 문제는 결국 '나는 어떻게 살 것인가'의 문제라고 봅니다. 교육을 바꾸고 싶다면 제도적인 해결책을 찾으면서 시간을 보내기보다 우리가 저마다 선 자리에서 할 수 있는 일을 찾고 행동으로 옮겨야 할 것입니다.

이 책은 그런 길을 걸어온 한 교사의 고백록이자 새로운 교육과 사회의 비전을 제시하는 예언서 같은 책입니다. 뉴욕 맨해튼에서 서른 해 가까이 교사로 일하면서 뉴욕주, 뉴욕시 올해의 교사 상을 연거푸 받을 만큼 탁월한 교사였던 개토는 학교 기계의 톱니바퀴에 모래를 끼었으며 게릴라 학습을 시도하면서 아이들이 저마다 자신의 길을 찾을 수 있도록 도와주었습니다. 마지막 상을 받는 자리에서 강연한 내용을 담은 글을 〈월스트리트 저널〉에 발표하면서 교직에서 물러난 개토는 그 뒤 전 세계를 돌면서, 학교체제의 근본 문제가 무엇인지, 그리고 교육의 변화를 위해 우리는 어떻게 행동해야 할지를 일깨우고 있습니다. 백악관과 홈스쿨러 대과회, 그리고 유럽과 아시아 대륙을 오가면서.

이 책은 《바보 만들기》 이후 개토가 쓴 주요 에세이와 강연 원고들을 모은 《A Different Kind of Teacher》에서 절반 정도의 내용을 뽑은 것입니다.(한국에서는 《교실의 고백》이라는 제목으로 2006년에 출간되었다.) 《바보 만들기》 못지 않은 통찰력과 영감을 담고 있는 책임에도 그다지 주목받지 못하고 잊혀지는 것이 아까워 다른 책과 중

복되는 내용을 빼고 다시 엮었습니다.

학교 현장에서 불온한 교사로서 힘겹게 싸운 서른 해의 경험과 오랜 연구에서 얻은 통찰력이 번득이는 그의 이야기가 일부 독자들에게는 불온하게 비칠지도 모르지만, 오늘날 우리가 처한 상황을 이해하고 새로운 길을 개척해가는 데 강렬한 영감을 줄 것입니다. 이 책은 교육과 삶에 대한 개토 사상의 본질과 그 사상이 나오게 된 배경을 엿보게 하면서, 어떻게 살아야 할지, 아이들에게는 무엇을 어떻게 가르쳐야 할지를 깊이 생각해보게 합니다. 강연 원고가 많아 대부분 쉽게 와 닿는 대화체로 되어 있는 것도 장점입니다. 이 책이 개토의 표현대로 참된 대화로 다가간다면 그 목적을 이룬 셈입니다.

이 책 뒷부분에 원서에는 없는 글을 몇 편 추가했습니다. 개토가 정규 학교 현장에서 학생들과 함께 시도했던 게릴라 학습법에 대해 여기저기 언급되어 있는 내용들을 모아서 엮은 것입니다. 학교제도에 대한 개토의 비판에 공감하는 많은 이들이, 그러면 나는 지금 무엇을 어떻게 할 수 있지 하는 질문에 맞닥뜨리게 되면서 막막함을 느끼곤 합니다. 개토는 홈스쿨링에 상당히 호의적이지만 그런 대안을 선택하기 어려운 아이들을 위해 정규 학교(또는 대안학교)에서 일종의 대안적 교육으로 이른바 게릴라 학습을 시도하여 많은 학생들에게 숨통을 열어주었습니다. 그 구체적인 내용을 엿볼 수 있는 자료들을 한 데 모았습니다. 어떤 현장에 몸담고 있든 게릴라 학습법은 아이들을 삶의 교육으로 이끄는 데 큰 용기와 영감을 줄 것입니다.

개토의 다른 두 책《바보 만들기》,《수상한 학교》와 이 책만으로도 개토의 사상과 주장을 이해하기에 충분하겠지만, 만약 학교제도에 대한 개토의 비판에 보다 학술적인 근거와 설명이 필요한 이는 그의 또 다른 역저《드러나지 않은 미국 교육사》를 참고하시기 바랍니다. 몇십 년에 걸친 조사활동과 연구의 결과인 이 책은《미국 민중사》저자 하워드 진도 극찬했을 만치 현대 학교제도의 이면을 파헤친 책으로 평가받고 있는 책입니다. 6백여 쪽에 이르는 이 책도 언젠가 우리말로 번역되는 날이 오기를 기대합니다.

2015년 6월
현병호

곽근, 나를 가르친 학생

뉴욕의 공립학교에서 30년 동안 아이들을 가르치면서 제가 만난 학생들 가운데 가장 기억에 남는 학생 중 한 명이 한국인 학생 곽근입니다. 7학년 때 처음 만났는데, 자기 반에서 공부를 꽤 잘 하는 축에 들었습니다. 그런데 놀랍게도 이 친구는 점심시간이면 날마다 부모님이 하시는 작은 가게에서 일을 거들고, 학교를 마친 뒤에도 배달 일을 하고 있었습니다.

곽근은 교실에서 가끔 졸 때가 있었는데, 매일 아침마다 6시부터 8시까지 부모님 가게에서 일을 하고 학교로 온다고 했습니다. 그리고 다른 친구들이 점심을 먹는 동안, 또 방과후에도 저녁까지 배달 일을 한다고 했습니다. 저녁을 먹고 나서는 또 학교 숙제를 한답니다. 하지만 밤 10시가 되어서도 이 친구의 하루는 끝나지 않았습니다.

그 이후 나머지 시간이 자기가 놀 수 있는 자기만의 시간이라고 말했습니다.

"논다구?"

나는 믿을 수 없다는 듯이 머리를 흔들며 말했죠.

"넌 아침 6시면 또 일을 해야 하잖아?"

그러자 곽근은 단호하게 말했습니다.

"선생님, 한국 사람들한테는 노는 게 정말 중요해요. 다른 사람들을 위해 일을 하지만 그럴 때도 자기 자신을 위해서 재미있는 일을 만들 수 있어야 해요. 그렇지 않으면 사는 게 사는 게 아닌 거죠."

곽근을 알고부터 그 친구는 제게 많은 영감을 주었습니다. 제가 있는 학교에서 비록 많은 비백인계 학생들이 다른 아이들에게 시달리거나 놀림을 당하고 돈을 뺏기기도 하고 심지어 맞기도 했지만, 곽근에게는 누구도 감히 그러지 못했습니다. 왜냐면 그 친구는 무술을 잘했기 때문이죠. 그 친구의 날렵한 발차기는 학교의 전설이 되어, 힘깨나 쓰는 아이들도 곽근에게는 오히려 한 수 배우려고 했죠.

8학년 말이 되자 곽근은 제게 물었습니다. 좋은 고등학교에 갈 수 있도록 도와줄 수 있느냐고요. 저는 물론이라고 했죠. 그런데 수학 실력은 걱정이 안 되지만 언어는 미국 태생의 다른 학생들에 비해 훨씬 불리한 조건이라고 경고를 했습니다. 수많은 영어 단어들을 만들어내는 라틴, 앵글로색슨 어근을 모두 알지 못하면 어휘력 테스트를 통과하기는 어려울 거라고 했죠. 설령 그럴 수 있다 해도 합격을 보장할 수는 없다는 말도 덧붙였구요. 곽근은 그 후 몇 달 동안 공부를 하더니 놀랍게도 그 과제를 해냈습니다. 그 친구의 그런 모습은 제게 끊임없이 영감을 불어넣어 주었습니다.

30년 동안 교실에서 아이들을 가르치면서 저는 확신하게 되었습니다. '교육'이라는 이름으로 아이들을 교실에 가둬놓고 가르친다면 우둔함이나 나쁜 성격을 바로잡을 수 없을 뿐더러 오히려 그런 면을 더 키운다고 말입니다. 저는 〈월스트리트 저널〉(1991년 7월 25일자)에 쓴 글에서 이제는 교사를 그만두고 제가 학교 교실에서 목격한 것들을 증언하는 일을 하겠다고 말했습니다. 그 후 15년 동안 저는 유럽과 아시아, 오스트레일리아 대륙을 오가면서 수많은 청중들을 만나고 또 네 권의 책을 썼습니다.

제도화된 학교교육과 이른바 '과학적 교육학'이라는 것들에 대해 제가 분노하도록 일깨운 것은 바로 곽근 같은 학생들이었습니다. 그 아이들은 제게 자신들이 어떤 일을 할 수 있는지를 보여주었습니다. 어른들이 그들을 세상에서 떼놓고 그들을 미리 정해놓은 길로 밀어 넣으려고 하지 않는다면 말이죠. 곽근 같은 학생을 만날 수 있었던 것은 제게 큰 행운이었습니다. 곽근! 자네가 어디 있든 나는 자네를 믿네!

이 글을 뉴욕 북부에 있는 '고독의 집SOLITUDE'에서 쓰고 있습니다. 혼자 조용히 자신의 삶을 돌아보기를 원하는 사람, 가족의 유대감을 북돋우고자 하는 사람들, 그리고 홈스쿨링이나 그 밖의 방법으로 아이들의 성장을 돕고자 하는 사람들을 위한 곳이죠. 완성되려면 좀 남았지만 제 웹사이트www.johntaylorgatto.com에서 잠깐 둘러보실 수 있을 겁니다. 언젠가 그곳에서 만날 수 있기를 바랍니다.

한국에 신의 가호가 있기를!

2006년 8월, 고독의 집에서 존 테일러 개토

학교의 배신

1

우리에겐 학교를 개혁할 여유가 없다

시장님, 시교육감님, 그리고 연합회 회원 여러분, 이런 상을 주셔서 감사합니다. 그리고 이렇게 멋진 곳에서 상을 주시는 것도 고맙습니다. 저는 우리가 어떤 일을 하는 장소가 우리 스스로 그 상황을 얼마나 진지하게 받아들이고 있는지를 드러낸다고 생각합니다. 이곳에 서니 문득 제가 지난 삼 년 동안 가르쳐온 교실들이 떠오릅니다.

공간은 있는 그대로의 진실을 말합니다. 이 공간은 삶에 아름다운 순간들이 있다고 말하고 있습니다. 이곳의 분위기는 저처럼 소박한 사람도 달라 보이게 만드는군요. 그런데 우리 학교에는 이런 공간이 하나도 없습니다. 교실은 다른 이야기를 들려주고 있습니다. 저는 교

이 글은 1990년 11월 2일 뉴욕시 올해의 교사상을 수상하며 강연한 내용이다. 개토는 뉴욕시 공립학교연합회가 주는 이 상을 3회 연속 수상했다. 시상식은 맨해튼의 인터콘티넨탈 호텔에서 열렸다.

실이 하는 말을 여러분께 들려드리고자 합니다.

먼저 좋은 선생님들 이야기로 시작하겠습니다. 저와 공부하는 아이들 셋이 오늘 아침 색다른 교실로 갔답니다. 114번가와 브로드웨이 사이에 있는 교회 지하에 있는 부엌이죠. 금요일 아침이면 아이들은 거기 가서 감자와 당근을 썰고, 바나나 푸딩을 만들고, 빵을 자르고, 그릇에 땅콩버터를 담고, 설거지를 하고, 식탁에 그릇을 옮겨놓으며 집이 없는 아저씨와 아주머니, 아이들과 아기들을 합쳐 240명이나 되는 사람들의 식사를 준비합니다. 아이들이 준비를 마치면 방은 음식과 따스함으로 가득찹니다. 그때부터 세 시간 동안 아이들은 집이 없는 배고픈 이들, 넓은 야외를 침실과 교실로 삼는 이들에게 음식을 날라줍니다.

이 아이들의 이름은 데릭, 마이클, 제럴드입니다. 바로 어제 저는 어떤 선생님이 데릭을 가리켜 '버릇없고 난폭한 아이'라고 하는 말을 들었습니다. 그날 다른 사람도 제럴드를 비슷하게 깎아내렸죠. 하지만 학교 시스템이 데릭, 마이클, 제럴드를 어떻게 생각하든 노숙인들에게 그 아이들은 천사처럼, 훌륭한 일꾼처럼 보였습니다. 열심히 일해서 배고픈 아저씨 아주머니들을 대접하면서 아이들은 놀랍게도 자신을 가르치는 선생님이 되었습니다. 자신에게 규율과 의무, 조직 그리고 교양 있는 이의 바탕을 스스로 가르치는 것입니다. 이 아이들은 교실에서 하루 종일 다른 또래 아이들과 모여 있지 않고 콜럼비아 대학 학생들과 어깨를 나란히 하고서 일을 합니다. 이런 일을 통해 아이들의 행동도 많이 달라진 듯합니다.

일을 하면서 아이들은 음식을 준비하고 계획을 추진하는 법, 경제, 식탁 차리는 법, 네 코스로 나오는 음식 나르는 법, 다음 사람이 먹을 수 있도록 식탁 정리하는 법을 배웁니다. 그 덕분에 이 아이들 가운데 누군가는 나중에 레스토랑을 차려 돈을 많이 벌지도 모르겠습니다. 어쩌면 무료급식소를 열지도 모르지요. 나중 일이 어찌 되든 이 아이들이 그 교회 지하에서 중요한 교육에 동참하고 있음을 부인할 수는 없습니다. 비록 아이들이 그 일을 하려고 '학교'를 빼먹더라도 말이죠.

제가 몸담고 있는 중학교에 그렇게 큰 방, 보일러실이나 식당, 교장실처럼 늘 비어 있는 공간이 있다면 무료급식소 같은 교육 기회를 제공하고 싶습니다. 하지만 그렇게 하려면 입법기관의 법령, 시교육청의 승인, 교장 허가, 교직원조합의 허락, 학부모협회의 승인, 관계자들의 원만한 협조, 시설 관리책임자의 동의가 필요합니다. 그래서 아무래도 우리 학교는 노숙인들을 도울 수 없을 것 같습니다. 모든 사람의 동의를 얻기 전에 먼저 세상을 떠나는 사람이 생길지도 모르고, 그럼 우리는 처음부터 다시 동의를 구해야 할 테니까요.

학교가 다름 아닌 '학교'를 위해 운영되는 곳이며 교육효과도 없다는 것을 보여주는 가장 좋은 증거는 아이들을 가두어놓는 교실을 살펴보는 것입니다. 교실에는 시계나 거울이 없고, 전화와 팩스가 없고, 우표나 봉투가 없고, 지도가 없고, 주소록이 없고, 생각에 잠길 사적인 공간이 없고, 의논할 만한 회의 탁자도 없습니다. 삶이 펼쳐지고 있는 바깥 세계와 접촉할 방법이 전혀 없는 곳이 교실입니다. 실제 삶이 펼쳐지는 곳으로 가려면 아이들은 담임교사, 과목교사, 생활지도교사, 학년주임교사, 교장, 그리고 부모에게 허락을 받아야 합니다. 아이가 이 모든 이들에게 허가를 받기까지 또 얼마나 많은 시간이 걸릴까요.

교실은 분명히 있는 그대로를 이야기합니다. 교실은 진실을 말합니다. 제 딸 브리세이스가 수학교사로 일했던 마틴 루터 킹 고등학교 교실은 창문조차 없었습니다. 그 창문 없는 교실이 할렘 출신 아이들에게 알맞은 곳이라는 게 누군가의 생각이었겠죠. 브리세이스가 염증을 느끼고 일을 그만두기 전, 교사로서 보았던 마지막 교실은 사방이 벽으로 막히고 달랑 출입문 하나만 뚫려 있었답니다. 그 마지막 해 내내 공기정화기는 고장난 채였고요. 딸이 그만둘 때엔 학교에서 교실 문도 떼어낼 거라는 말을 들었다고 합니다.

교실은 학교 비즈니스가 진실로 무엇을 위해 존재하는지 그 사실을 말해줍니다. 그 무엇은 물론 중요한 것이겠지만, 올바른 정신을 지닌 사람이라면 그걸 '교육'이라고 부르지는 않을 것입니다. 그럼 그게 대체 무엇일까요?

학교를 바꾸려는 사람은 먼저 정신을 똑바로 차리고, 학교가 지금 모습으로 매우 잘 돌아가고 있다는 사실을 인정해야 합니다. 학교는 강제적인 학교교육을 만들어낸 플라톤, 에라스무스, 베이컨, 호레이스 맨, 비스마르크, 손다이크, 그 밖에 위대한 철학자들이 의도했던 방식대로 정확히 돌아갑니다. 여러분이나 제가 바라는 대로 움직이고 있는 게 아닙니다. 학교는 학교가 만들어진 목적대로 일하고 있는 것입니다.

그 구조적 설계에서 학교가 중시하는 것은 의존, 복종, 규제, 낮은 계급제도가 요구하는 예속입니다. 학생들은 자신과 같은 부류에 고착되고 거기서 벗어날 수 없습니다. 학교는 끊임없는 예속훈련으로 이 목표를 이루어냅니다. 이것은 간단하게 알 수 있습니다. 학교는 아이들더러 정해준 방에 가만히 앉아 있으라고 합니다. 학교는 계급제도를 만들어 유지합니다. 그것은 이 나라의 목표가 아닌데도 말입니다. 학교는 부조리하고 악몽 같은 관습을 도입하여 아동기를 현실과 떨어뜨려 놓습니다.

● 학교는 단조롭고, 때로는 창문조차 없는 교실에 아이들을 가둬놓고 무감각해지도록 만듭니다.

● 학교는 나이 순서, 또는 표준화된 시험점수 같은 터무니없는 잣대로 엄격하게 범주를 나누고 아이들을 거기에 끼워 맞춥니다.

● 학교는 종, 사이렌, 벨 소리가 울리면 아이들이 배우던 것을 내려놓고 무리지어 교실을 옮기도록 훈련시킵니다.

● 학교는 끊임없이 감시하며 아이들에게서 사적인 시간과 공간을 빼앗습니다.

● 학교는 아이들에게 등수를 매기며 그 아이들의 우수성을 양적으로 판별하는 능력이 있는 체합니다.

● 학교는 순간순간을 질 낮은 추상으로 채우라고 강요하면서 '숙제'라는 수단으로 사적인 쉼터인 집에까지 침입합니다.

● 학교는 아이들이 스스로 발견하지 못하게 하면서 아이들이 스스로 배우는 시간을 포기해야만 얻을 수 있는 어떤 중요한 비밀을 숨기고 있는 체합니다.

우리는 아이들을 교실에 가두기 위해 엄청난 대가를 지불합니다. 신문이나 텔레비전을 보면 그 사실을 알 수 있습니다. 제가 가르치는 아이들은 지난 모든 시대의 아이들과 비슷해 보이고, 비슷하게 느끼고 비슷하게 행동하는 듯하지만, 겉만 보고 오해하지 마십시오. 우리 아이들은 대체로 과거에 무관심하고, 미래에 무관심하며, 서로에게 무관심하고, 자기 자신에게도 무관심합니다. 이 아이들은 어떤 것에든 오래 집중할 수 없는 것처럼 보입니다. 40분마다 다른 교실로 가라고 명령하는 종소리와 이 아이들의 무관심이 어떤 관련이 있다고 생각해본 적은 없나요? 한번 생각해보십시오. 학교에서는 세상에 진실로 중요한 것은 아무것도 없다고 가르칩니다. 40분 넘게 집중할 만큼 중요한 것은 아무것도 없다고 말입니다.

제가 가르치는 아이들은 서로에게 잔인합니다. 친구의 불행을 함께 슬퍼할 줄 모르고, 약한 자를 비웃으며, 도움을 필요로 하는 친구에게 너무나 쉽게 경멸감을 드러냅니다. 그리고 아이들은 쉽게 친해지지 못하고, 혼자 있는 걸 참지 못하며, 자기 생각을 드러내지 못합니다.

이 아이들은 참된 우정을 나누지 못합니다. 학교를 오래 다니는 동안 비밀스런 자아를 속에 숨기게 되었기 때문이죠. 학교에선 일기를 내보이듯이 개성이란 걸 다 내보이게끔 되어 있지요. 창녀의 몸이 보건당국 앞에서 발가벗겨지는 것처럼요. 교육당국은 집단관음증처럼 아이들의 개성을 늘 감시합니다. 하지만 아이들이 바깥으로 드러내는 모습은 텔레비전에서 본딴 행동을 이것저것 합쳐놓은 데 지나지 않습니다. 아니면 선생님의 기호에 맞춰 눈치껏 만들어낸 것들이죠. 아이들의 참된 자아는 그대로 드러내기엔 너무나 작고 연약합니다. 내면의 힘을 기를 만큼 사적인 자유를 누린 적이 없으니까요. 가까운 관계에선 개성이 드러나게 되니까 아이들은 서로 깊이 사귀질 않으려고 합니다. 그러니까 아이들은 겉으로 보이는 그 아이들이 아닙니다. 학교 덕택에 대부분의 아이들은 존재를 잃어가고 있습니다. 끔찍한 일이죠.

또 이 아이들은 놀랍도록 물질적입니다. 모든 걸 물질로 '분류'하는 교사들, 텔레비전에서 세상의 모든 걸 내다파는 사람들을 닮아가기 때문입니다. 또 아이들은 의존적이고 수동적이며 소심해서 새로운 도전을 두려워합니다. 소심함은 가끔 가면을 쓰고 나타나기도 하죠. 겉으로는 자신만만함, 도전의식, 격렬함이나 공격성을 보이지만 사실 그 속엔 공허함뿐입니다. 거대한 에너지를 빨아들이지만 발산하는 에너지는 거의 없는 거대한 진공 상태, 학교교육의 블랙홀을 비추어주는 것이지요.

여러분은 아이들이 자기 자신을 아주 싫어한다는 사실도 알아야 합니다. 저는 그런 사실이 이제 놀랍지 않습니다. 교실에서 아이들은 쓸모가 없으니까요. 교실은 구동축 없는 엔진과 같습니다. 많은 에너지를 소모하지만 그 힘은 쓸모가 없죠. 쓸모 없어진 아이들은 그런 자기 자신을 좋아하지 않게 마련입니다. 우리가 가둬놓고 있는 아이들은 자신들이 낭비하고 있는 시간이 자기 인생에서 귀한 시간이고, 결코 되돌릴 수 없는 시간이라는 걸 압니다. 아이들은 자신의 삶을 구제하고 시간을 참되게 쓰는 방법을 알지 못하기 때문에 또 그런 자기 자신을 싫어합니다.

많은 아이들은 자기 가족도 아주 싫어합니다. 우리 학교 8학년 아이 하나는 지난 5월에 보험금을 노리고 자기 부모님을 살해했죠. 하지만 보험금은 전혀 없었습니다. 아이는 열네 살인가 열다섯 살이었는데, 텔레비전에서 이런 살인사건을 보았고, 어른은 모두 보험에 든 줄 알았답니다. 말하기는 끔찍하지만, 가족에 대한 적대감은 우리가 학교교육을 하는 방식에도 스며들어 있습니다. 학부모들은 자녀가 생활하는 중요한 공간과 격리되어 있으니까요.

강제로 하는 대규모 학교교육 체제는 부모와 아이를 갈라놓음으로써 가정에 끼친 해악도 크지만 그 치료마저도 거부합니다. 교사는 교육에 대한 지식독점을 요구하고 있고, 수업시간은 아이들이 자기 발견을 통해 성장할 수 있는 가장 좋은 시간을 독차지하고 있어, 가족이 존재해야 할 중요한 이유가 사라진 것입니다. 가정이 망가집니다. 가장 망가진 가정의 부모는 자기 자녀를 계속 감시하면서 조그만 잘못을 해도 학교당국에 알리는 이들입니다. 그런 부모들은 정기적으로 자녀의 상태를 학교에 밀고합니다. 제대로 확인해보지도 않고 막연한 추측만으로 말입니다.

　우리가 만들어놓은 교실에는 부모를 위한 공간이 없습니다. 우리는 텔레비전에 나오는 세트장처럼 꾸민 무대에서 배우가 꾸며내는 거짓말을 펼칩니다. 남자배우와 여자배우는 실제 자신이 아닌 다른 사람 노릇을 합니다. 때로 그들은 보험금을 노리고 일가친척을 살해하는 이야기를 꾸며내고, 언제나 무언가를 꾸며냅니다. 그리고 여러분과 저는 이 모든 것이 해롭지 않은 척합니다. 학교교육 신화와 텔레비전 신화의 중간에서 사명감을 지닌 광고인들은 따뜻한 가정의 마법을 마술 같은 상품과 서비스로 둔갑시킵니다. 그런 상품과 서비스는 마법의 힘을 지닌 척하지만 사실은 그렇지 않죠. 사랑은 가끔 한 가정이 이런 것을 얼마나 많이 살 수 있느냐로 측정됩니다. 우리 아이들이 그런 걸 많이 사지 못하는 자기 집을 싫어한다는 게 놀라운 일입니까?

　학교개혁을 방해하는 것은 나쁜 사람들이 아니라 삶을 불합리하게 만드는 이상한 경제 그 자체입니다. 우리는 그것을 바로 보려고 하지 않습니다. 두려우니까요. 학교문제에 대해서는 공학적 해결책을 이야기하는 것이 훨씬 쉽습니다. 상식과 성실한 노력으로 일굴 수 있는 해결책이죠. 저도 그 편이 좋습니다.

　여러분이 이 문제를 생각한다고 합시다. 학교교육이란 게, 그 안에 있는 사람들을 바꾸어놓는 중요한 방에서 이루어진다면, 그 뒤에 따를 대가란 분명히 두려울 것입니다. 그러나 우리는 교육이 학교가 아닌 법정이나 회사의 회의실 같은 공간에서 이루어질 때 생기는 손실을 두려워해선 안 됩니다. 이건 무척 중요한 부분입니다. 가족이 모이는 거실, 부모의 일터, 병원, 탁아소, 집 없는 이들에게 음식을 나눠주는 노숙인 쉼터, 이런 의미 있는 공간에서 교육이 이루어진다면 학교에선 무슨 일이 벌어질까요?

학교가 비판할 줄 아는 사고를 가르칠 경우 일어날 경제적 비극을 생각해보십시오. 학교가 아이들에게 강해지라고 용기를 주고 독창성 있게 생각하라고 격려할 경우도 생각해보십시오. 진실로 중요한 것은 돈 주고 살 수 없다는 철학자의 사상을 가르치는 것도 생각해보십시오. 보편적인 인간의 요구인 선택권과 사생활을 학교가 존중한다면 어떻게 될까요? 학교가 학생들이 의미 있는 삶을 살고 싶어 하도록 돕는다면 어떻게 되겠습니까? 그렇게 된다면, 대량생산 경제 탓에 쓸모를 잃은 채 산더미처럼 쌓여 있는 물건을 갖고 싶어 할 사람이 있겠습니까? 누가 가공식품을 먹겠습니까? 누가 플라스틱 구두를 신겠습니까? 누가 흥미진진한 일을 하지 않고 텔레비전 공상영화로 시간을 보내겠습니까? 학교가 제공하는 훈련 없이 대량경제체제가 어떻게 유지될 수 있겠습니까? 학교개혁을 일으키려면 우리는 이 기묘한 공생관계를 더 잘 이해해야 합니다.

카네기재단의 어네스트 보이어 E. Boyer 는 지난 몇 년 동안 '개혁'이란 수사학의 장막 뒤에서 학교환경이 더 좋아지기보다 오히려 더 나빠졌다고 말합니다. 제가 아는 모든 교사는 이 말에 동의할 것입니다. 이 문제는 팔을 걷어부치고 열심히 노력해야 하는 수준을 넘어섭니다.

우리는 개혁이 성공한다면 많은 이들과 막강한 이권이 손해를 볼 수밖에 없다는 복잡한 사실을 직시해야 합니다. 그들은 오랫동안 열심히 또 명예롭게 일했습니다. 우리가 바라지도 않는 학교교육을 우리에게 팔아온 것입니다. 그들은 나쁜 사람, 또는 나쁜 기업이 아닙니다. 다만 쓸모가 없고, 적절하지 않고, 방해가 될 뿐이죠.

학교개혁이 결코 성공할 수 없는 까닭은 변화로 말미암아 위기를 맞게 되는 쪽에서 반드시 저항할 것이라는 것을 예측하지 못한 때문이기도 합니다. 단순히 이성의 힘을 빌리거나 공학적 해법을 찾는 전략은 전혀 효과가 없을 것입니다. 학교교육을 그만두고 진짜 교육을 시작하면 많은 생계와 권력이 위협받을 테니까요.

개혁가들이 외면하는 어려움은 또 있습니다. 학교제도가 비록 눈에 보이지는 않지만 성인들에게는 일자리를 만들어주고, 지역 정치인들에게는 끊임없이 솟아나는 후원 기능을 한다는 사실입니다. 중앙협회 이사회나 모든 지역학교협회 이사회, 또는 대부분의 개별 학교에서 이 쓸모없는 일자리를 만들어내는 것은 그들이 어리석기 때문이 아닙니다. 친척과 친구들을 감싸고, 서로에게 좋은 일을 하는 것은 자연스런 이기심이고 또 자연스런 사람 마음입니다. 우리가 얼마나 분노하는지와 상관없이 정치인들은 늘 그렇게 해왔고 앞으로도 분명히 그럴 것입니다.

우리에게 마술봉이 있어 내일 당장 학교에 남아도는 수많은 사람들을 모두 없애버린다고 상상해보면 어떨까요? 그렇게 해서 학교가 낭비하고 있는 자원을 아이들을 위한 좋은 일에 쓸 수 있다면 어떨까요? 우리가 없앤 그 모든 사람들에게는 어떤 일이 일어날까요? 그들은 어디로 갈까요? 제 제자들이 브로드웨이 무료급식소에서 사람들에게 음식 대접하는 일만 하고 있어야 할까요?

학교와 텔레비전이 뭔가를 가르치고 있다는 이상한 사고방식이 얼마나 잘못된 것인지를 아셨을 겁니다. 그런 사고방식은 문제를 매우 편협하게 바라보게 합니다. 제가 밝힌 것은 학교개혁의 문제점 가운데 일부이지만 아직 공개석상에서 논의되지 않고 있습니다. 사람들은 공학적 해법을 의논하는 걸 더 좋아하기 때문입니다. 학교제도가 나라 전체의 생동감을 갉아먹고 있다는 걸 점점 더 확실히 알게 되면서도 우리 논의가 더 깊어지지 않고 학교문제를 고칠 수 없는 까닭도 여기에 있습니다.

우리에게 많은 돈을 부담시키지 않는 좋은 학교를 찾는 방법 몇 가지를 말씀드리면서 강연을 마치겠습니다. 이 길은 찾기 쉽습니다. 아이들을 더 좋은 목적지, 학교교육이 아닌 진짜 교육으로 이끄는 길입니다. 저는 제가 생각하는 공학적 해법이 어떤 것인가를 말씀드리려고 합니다. 물론 제 생각은 정치적 해결책이 없는 한 별로 쓸모가 없고, 이 정치적인 해결책도 민주주의 방식으로 도출되지 않고 모든 사람들의 의지를 담지 못한다면 별 효과가 없는 것입니다. 전문가들이 우리 학교를 고칠 수 있었다면 학교는 지금쯤 고쳐져 있을 겁니다. 위로부터 내려오는 해결책은 더 이상 힘을 쓰지 못합니다. 아래에서부터 생겨나는 해결책이 우리가 바라는 것입니다.

먼저 가르치는 일은 책임자가 이끌어가는 일자리처럼 다시 짜여져야 하고, 최대한 자율적인 일로 다시 다듬어져야 합니다. 사람들의 자유로운 선택이 좋은 학교와 좋은 교사를 결정하게 해야 합니다. 그리고 교사들은 교육 수준을 발전시키고 유지하는 중심이 되어야 합니다. 교사들은 다른 이가 만든 청사진대로 일하는 일꾼이 아니라 스스로 건축가가 되어야 합니다.

아이와 가정은 아이가 자라나는 동안 수많은 선택을 해야 합니다. 거기에 '하나뿐인 올바른 길'은 없으며, 과거에도 결코 없었습니다. 중앙정부가 교육의 가능성에 대한 독점의 손아귀를 풀지 않는 한, 우리는 학교가 크게 개선되는 것을 볼 수 없을 것입니다. 홈스쿨링의 성공 사례는 우리가 격려해야 할 하나의 가능성을 보여주는 것입니다. 물론 다른 사례들도 있습니다.

학교교육의 거대한 구조, 시간과 공간, 인력, 커리큘럼을 진지하게 다시 생각해보아야 합니다. 인력 문제를 생각해봅시다. 우리는 너무 많은 사람들을 교사로 뽑는데, 더욱이 그들은 미성숙하고 경험도 없는 상태에서 교사가 됩니다. 대학을 갓 졸업하고, 삶의 시련을 제대로 겪지도 않은 채 교실에 배치되죠. 게다가 그 교실은 성숙한 남성과 여성이 투쟁과 모험, 실험과 도전 그리고 수많은 선택을 통해 성장해가는 환경과 괴리되어 있는 유리 온실입니다.

제가 중요한 위치에 있다면 값싸고 다루기 쉽다는 이유로 대학을 갓 졸업한 이들을 교사로 쓰지 않을 겁니다. 사람을 가르칠 자격이 있다고 자신하는 성숙한 남성과 여성에게 교직 문을 활짝 열 것입니다. 그렇게 구성되는 교직은 경험이 풍부한 이들을 많이 끌어들일 거라고 생각합니다. 그러면 교사들은 매우 의미 있는 과제를 풀어가게 되고, 경험이 풍부하기 때문에 합리적인 과제의 가치를 이해하기에 훨씬 유리할 것입니다.

우리가 정통이라고 여기고 있는, 시간과 공간의 운영방식을 뛰어넘으려는 전략이 필요합니다. 예를 들어, 우리 학교교육은 인격 발전과 정신적 성숙에서 사생활과 고독이 주는 역할을 완전히 무시했습니다. 학교는 10분의 1이나 20분의 1로 줄어도 될 만큼 지나치게 거대합니다. 진짜 교육을 위해서는 그때그때 친근한 장소만 있으면 됩니다. 공원 벤치, 지붕 위, 강둑, 거실, 일터가 모두 학교가 될 수 있습니다.

큰 학교는 잘 운영되지 않습니다. 큰 학교는 참된 공부를 하고자 하는 아이를 위한 탄력적인 시간이나 적절한 장소를 제공하지 못합니다. 교사들이 일을 하고자 할 때도 마찬가지죠. 아주 작은 일을 할 때도 몇 단계의 관문을 거쳐야 한다면, 예를 들어 전화나 문서로 허락을 받아야 한다면 누가 그걸 하려고 할까요? 우리는 서로 믿어야 합니다. 관리감독은 지나치게 비용이 많이 들고 우리 모두를 짜증나게 하니까요.

커리큘럼은 또 어떻습니까? 헨리 포드 식 조립라인 철학을 기초로, 삶의 영역을 인위적인 과목으로 나누어놓음으로써 부분과 전체의 관계는 사라집니다. 현실세계의 문제는 서로 연관되어 있고 학교 제도가 안고 있는 문제도 그렇습니다.

마지막으로, 위인들을 한 사람씩 떠올려보면 그들이 개인적인 각성에 이르기 위해 썼던 수많은 방법들이 바로 교육이라는 것을 금방 알 수 있을 것입니다. 그 중에 누군가 짜서 강제로 부과한 추상적인 학습 분량을 날마다 집어삼킨 이는 제가 아는 사람 가운데 아무도 없습니다. 그들의 자서전을 읽어보면 어머니, 아버지, 할머니, 할아버지, 삼촌, 이모를 통해, 또는 모험을 하면서 맞닥뜨린 우연한 기회가 성장의 밑바탕이 되었습니다.

강제로 배우는 것 가운데 배울 만한 것은 없습니다. 오늘날 우리는 그걸 이해할 만큼 충분히 성숙했습니다.

2

나쁜 학교가 왜 그렇게 돈이 많이 들까

저는 나쁜 학교가 왜 그렇게 돈이 많이 드는지, 그 수수께끼에 대해 말하려고 합니다. 제가 얘기하는 사례들은 여러분의 경험으로 이해할 수 있는 만큼만 이해하시면 됩니다. 미국에서 나쁜 학교가 어마어마하게 돈이 들고, 좋은 학교는 돈이 별로 들지 않는다는 건 무엇을 뜻할까요?

예를 들어 오하이오주 톨레도에서 평판이 아주 좋은 교구 부속학교는 한 해 학생 일인당 교육비가 2,500달러 정도면 되지만, 좋지 않은 공립학교에는 4,900달러가 듭니다. 오하이오 전체 공립학교 평균은 그보다 1,000달러 이상이 더 듭니다. 델라웨어의 아주 훌륭한 사

이 글은 1991년 여름, 뉴욕주 올해의 교사상을 수상하는 자리에서 한 연설문이다. 개토는 그 해 뉴욕시 올해의 교사상도 수상했다.

립학교는 한 해 평균 2,250달러가 들지만 다른 문제투성이 공립학교들은 그 돈의 두 배 반이 넘게 들죠. 어떻게 이런 일이 생겨나는지 아십니까? 여러분은 반드시 이 문제에 관심을 가져야 합니다. 공립학교에 드는 비용은 여러분의 호주머니에서 나오기 때문입니다.

뉴욕시는 학생 한 명당 7,300달러를 투자합니다. 표준화된 시험이 무언가를 측정할 수 있다고 믿으시나요? 시험 결과에 따르면 9학년이 되도록 덧셈, 뺄셈, 나눗셈, 곱셈을 제대로 할 수 있는 아이들이 얼마 되지 않습니다. 대부분의 아이들은 이 가운데 하나나 둘, 기껏해야 세 가지 정도를 할 수 있죠.

한편, 뉴욕주에서 홈스쿨링 하는 아이들은 하루가 다르게 늘어나고 있습니다. 이 아이들의 읽기와 수학 실력은 학교에 다닌다고 가정했을 때 자기 학년 수준보다 몇 해나 앞섭니다. 이 아이들은 납세자들에게 한 해에 단돈 몇 달러도 부담시키지 않는데, 이는 좀 생각해 볼 문제입니다.

또한 자신이 처한 불리한 조건과 상관없이 학창 시절 어느 때에 온전히 독학하는 것처럼 보이는 아이들도 있습니다. 우리는 이 아이들을 '탈락자'로 부르는 데 익숙해져서 사회의 낙오자로 취급해 버립니다. 하지만 이름난 이들 가운데 놀랄 만큼 많은 수가 이 부류 출신이지요. 맥도널드를 일군 레이 크록도 그런 사람입니다.

제가 지금까지 읽은 독학 이야기 가운데 가장 빼어난 것은 벤자민 프랭클린의 《자서전 Autobiography》이었습니다. 저는 노년의 벤이 지성과 인격을 키우기 위한 자기만의 방침을 간단하게 기록한 이 책을 집

집마다 갖고 있으면 좋겠다고 생각합니다. 그는 그 방침을 자신의 생활에서 실험했습니다. 그것은 효과가 있었던 듯합니다. 보통 사람들이 짐작하듯이 프랭클린이 돈이 없어서 그렇게 생활할 수밖에 없었다고 오해하지는 마십시오. 그는 유명한 사립학교에 두 번 입학했고 두 번 다 쫓겨났습니다. 그 뒤로는 그런 게임에 시간을 낭비하지 않겠다고 결심한 겁니다.

20세기 중반까지 전설적인 텍사스 주지사였고, 서부에서 가장 엄정한 법조인의 한 사람이었던 코크 스티븐슨C. Stevenson은 어렸을 때 혼자서 화물운송 사업을 벌였죠. 열다섯 살 전에 이미 진흙길을 110 킬로미터 넘게 오가는 일을 했고, 그때까지 교실 구경을 한 적도 없었답니다.

1990년 미국의 백만장자 열다섯 명 가운데 한 명 꼴로 학교 중퇴자였습니다. 참 흥미로운 사실이죠. 학교를 중퇴하라고 하는 말이 아닙니다. 다만 모든 것이 눈에 보이는 그대로는 아니라는 사실을 상기시키고자 할 따름이죠. 여러분은 들은 대로 믿지 말고, 무엇이 진짜 교육을 만드는지를 스스로 생각하시길 바랍니다.

독학하는 이 아이들은 홈스쿨링 하는 아이들처럼 납세자들에게 돈을 한 푼도 부담시키지 않습니다. 스마트 폭탄과 컴퓨터가 생산되는 이 시대에, 스스로 공부할 수 있는 아이들이 어떤 아이들인지를 시험 따위로 밝혀낼 수 있을까요? 제 말은 프랭클린이나 크록, 카네기나 스티븐슨 같은 아이들을 교실에 가두어 방해하지는 말자는 뜻입니다. 그런 아이들은 학교에 남아 있는 굴욕감을 견디지 못해 학교를 그만둔 채 좌절하고 갈 길을 모르는 길 잃은 아이들과는 다릅니다. 길 잃은 아이들을 담는 그물에, 자신들이 어디로 가고 있는지 정확히 알고, 학교에서 낭비할 시간이 없다는 걸 알고 있는 아이들, 그래서 학교를 그만둔 아이들을 함께 담아 방해하지 말자는 거죠.

저는 이런 아이들을 일찍부터 발견할 길이 있을 거라고 생각합니다. 학교 비즈니스가 돈을 벌기 위해 가능한 많은 아이들을 가둬 두려고 하지만 않는다면 이들을 너그럽게 봐 줄 길이 있을 거라 생각합니다. 학교 관계자들이 거짓 암시를 던지지만 않으면 됩니다. 학교가 학교를 놓지 않는 이들에게는 좋은 삶을 보장하고, 그렇지 않은 이들에게는 평생의 무지를 선고할 수 있는 마법의 힘을 갖고 있다는 거짓 암시 말입니다. 그러면 학교교육이 무엇을 할 수 있고 무엇을 할 수 없는지를 보통 사람들이 이해하는 데도 도움이 될 것입니다. 분명 학교는 그런 마법의 힘이 없으니까요. 믿을 만한 기록에 따르면 아인슈타인은 학교에서 배운 것이 별로 없었습니다. 그리고 아인슈타인만 그런 것도 아닙니다.

저는 서른 해를 교사로 살았고 얼마 전 《미국 교육계 인명록》에도 이름이 올랐습니다. 저는 솔직하게 말할 수 있습니다. 벤저민 프랭클린, 앤드루 카네기, 레이 크록, 코크 스티븐슨, 앨버트 아인슈타인은 어떤 비법을 갖고 있지 않았고, 현재 자녀를 홈스쿨링 하고 있는 수만 가정도 특별한 비법을 갖고 있지 않으며 저도 전혀 갖고 있지 않습니다. 그렇지만 정규 학교 전문가들에게 의지하지 않는 수많은 이들이 보통 이상의 능력을 보여주고 있습니다.

주제에서 좀 벗어났군요. 오늘의 주제는 나쁜 학교교육이 왜 그렇게 돈이 많이 드는가 하는 수수께끼였습니다. 그런데 그만 '우리에게 학교가 필요한 것인가'라는 주제로 얘기가 흘러갔군요. 이 주제를 얘기하려면 따로 시간을 잡아야 할 정도입니다.

미국 혁명기에는 거의 모든 사람들이 읽고 쓰고 셈할 줄 알았다는 명백한 자료가 있습니다. 그런데 오늘날 학교는 그런 기본 능력도 제대로 가르치지 못하니 참 믿기 힘든 이야기죠. 제가 아직도 좀 다른 얘기를 하고 있긴 하지만 조금만 참아 주십시오. 날마다 일 년 내내 강제로 다녀야 하는 학교가 생기기 전에도 이렇게 모두가 읽고 쓸 줄 알았다는 사실은 나쁜 학교가 왜 그렇게 돈이 많이 드는가를 이해할 수 있는 중요한 실마리이기 때문입니다.

혁명기에 식민지 주민의 인구는 약 250만 명이었습니다. 아프리카 노예가 60만 명, 계약노동자가 125만 명이 넘었습니다. 계약노동자의 조건은 계약기간 동안 노예와 다르지 않았죠. 이 구속된 집단에는 런던과 리버풀, 또 어떤 도시의 길거리에서 납치되어 대서양 건너편으로 팔려 온 아이들도 포함되어 있었습니다. 제가 이 얘기를 하는 것은 여러분의 동정을 사고자 하는 게 아니라 오늘날 글을 깨친 이들과 비교하기 위해서입니다. 도시 아이들은 가르치기 힘들지도 모릅니다. 하지만 식민지 시대 미국도 그 점에서는 똑같이 척박했지요. 그러나 톰 페인^{Tom Paine}(1737~1809, 영국에서 태어났고 미국에서 언론인으로 활동했다. _옮긴이)이 자유에 대해 소리 높여 주장한 《상식^{Common Sense}》이라는 책은 노예 처지인 그 사람들에게 60만 부나 팔렸습니다. 60만 부는 그 시절 네 명 가운데 한 명꼴이고, 오늘날 6,500만 부에 맞먹는 양입니다. 물론 여러분은 그 책이 커피 테이블 위에 과시용이나 장식용으로 놓였을 거라고 생각할지도 모르겠습니다. 하지만 저는 그 책이 읽기 위해 팔렸고, 모두가 읽었고, 다른 사람에게도 건네졌을 거라고 생각합니다. 그리고 다가오는 혁명에 대중들이 철학적 근거를 갖는 데 한몫 했을 거라고 생각합니다.

《상식》은 지금도 읽히고 있는 책입니다. 주로 우수한 대학생과 대학원생들이 읽죠. 책에서 불쑥불쑥 튀어나오는 용어들과 꽤 복잡한 주장은 끈기가 있고 훈련이 되어 있어야 이해할 수 있습니다. 12년이나 되는 의무교육이 준 끈기와 훈련 갖고는 모자랄 정도죠. 그러나 전혀 학교교육을 받지 않은 이들, 더구나 많은 수가 노예였던 이들이 이런 지적 자양분을 맛보았고 또 그것을 필요로 했던 것입니다. 그것이 바로 여기 이 나라에서 있었던 일입니다. 생각해보십시오. 오늘날 글을 전혀 읽지 못하는, 또는 읽은 것을 이해하지 못하는 그 많은 사람들에게 강제적인 학교교육이 해줄 수 있는 것이 있기나 한가요?

1990년 4월 18일, 포드햄대 교수 세 명이 보스턴에서 열린 미국교육연구협회 연례회의에서 논문을 발표했습니다. 그들의 연구 내용은 뉴욕시가 공교육에 어떻게 돈을 쓰고 있는지를 수치로 나타낸 것이었습니다. 헤리티지재단의 소식지 편집자 진 앨런이 제게 그 논문 한 부를 보내주었습니다. 내용은 지루했지만 저는 입이 떡 벌어져 제가 아는 모든 이에게 전화를 걸었습니다. 뉴욕의 신문들은 왜 이 기사를 1면에 싣지 않는가? 왜 모든 라디오와 텔레비전에서 이 내용을 떠들어대지 않는가 하고 말입니다. 여러분의 예상은 제 예상과 비슷할 겁니다. 교사 노릇한 지 서른 해가 되었지만 저도 처음에는 금방 읽은 것을 믿을 수 없었으니까요. 하지만 단순한 숫자들이 드러내는 진실이 천천히 보이기 시작했고, 이제 여러분도 그걸 깨우쳤으면 합니다.

뉴욕주 공립학교에 할당되는 돈을 1달러라고 하면 그 돈의 51%가 시스템 전체의 행정비용으로 뭉텅 잘려 나갑니다. 지역 학구가 행정비용으로 5%를 또 떼갑니다. 학교에서는 남은 44%로 해야 할 일들이 태산입니다. 그러나 대부분의 학교에서는 행정과 감독비용으로 또 12% 이상을 빼갑니다. 그럼 1달러에서 공제된 금액이 모두 68%에 이릅니다. 하지만 수업과 상관없는 비용 항목이 아직 더 남아 있습니다. 각종 담당자들, 진로상담 교사, 수업의무를 면제받고 공식 행정담당자들을 지원하는 명예 행정담당자들에게 들어가는 돈입니다. 학교는 이런 고무줄식 지침을 따라야만 하므로, 앞서 3단계의 행정비용을 제하고 남는 32센트도 다 쓸 수가 없습니다. 학교에서 쓸 수 있는 돈은 할당된 예산의 4분의 1, 다시 말해 25센트까지 떨어집니다. 학교 예산 70억 달러 가운데 기타 경비까지 포함한 순손실이 55억 달러에 이르는 겁니다. 그것을 학교 마피아 일당에 바치는 상납금이라고 생각해보십시오. 실제로 아이들과 함께 갇혀서 시간을 보내야 하는 교사들의 의욕이 떨어지는 것이 놀랄 만한 일입니까? 교사들이 부지런히 일할 때, 일 안 하고 돈 버는 곳은 따로 있습니다.

뉴욕시의 학교에 다니는 아이들에게 직접 이루어지는 서비스에서 이렇게 어마어마한 액수가 빠져 나간다는 사실이 왜 중요할까요? 학생 고객 대부분은 학교에 다니지 않기를 바라고 있고 또, 학생들이 원하지 않는 서비스에 돈이 나가고 있기 때문입니다. 이제 여러분은 나쁜 공립학교들에 돈이 그렇게 많이 드는 이유를 깨달을 실마리를 잡았습니다. 이것은 학교가 왜 나쁜지를 이해할 수 있는 실마리이기도 하죠.

이런 일이 어떻게 생겨났을까요? 조금씩 답이 보이고 있습니다. 19세기 언제인가부터 20세기까지 줄곧 공립학교 교육은 일자리 사업이자 계약을 낳는 매커니즘 기능을 하게 되었습니다. 지난 백 년 동안 변화해 온 국가경제는 날이 갈수록 진실로 명예로운 직업, 곧 의미 있는 정직한 노동을 찾기 어렵게 만들었습니다. 소규모 농사와 생산업, 수공예, 전업주부들이 사라지면서, 교직은 의미 있는 일을 찾기 위해 모여 드는 사람들로 끝없이 팽창하는 텐트처럼 보였습니다. 일자리와 계약 창출은 학교의 우선 임무가 되었고, 법의 강제는 하찮은 공연에 관객들을 확보해주었습니다. 성실하고 헌신적이고 재능 있는 교사들이 학교로 모여 들었지만 상황은 이랬습니다.

아주 여러 가지 이유 때문에 - 그 중 하나는 사공이 많으면 배가 산으로 간다는 것인데 - 학교는 사람들이 배우는 방식을 가르치는 곳이 아닙니다. 학교는 오랜 경험이 일러 주는 그 배움의 방식을 가르치는 곳이 아니라, 사람들을 고용해서 돈을 쓰기 위해 세워진 곳입니다. 제가 가르치는 일을 하면서 만났던 많은 윗사람들이 떠오르는군요. 그들은 회계연도의 시계가 멈추기 전에 필사적으로 돈을 쓰려고 했습니다. "어디다 쓰든지 상관없으니 돈을 쓰기만 하시오!" 하면서요. 한 주 안에 3만 달러를 써야 한다고 말한 사람도 있었습니다. 그게 1972년의 일이었으니 요즘으로 치면 12만 달러가 넘는 액수겠죠.

그런 환경에서는 학교교육 문제를 저비용으로 해결할 수 있다는 주장을 진지하게 고려할 수 없습니다. 경제성을 고려하는 이 생각들이 지금의 시스템을 위협하는 것으로 받아들여질 테니 말입니다. 또 사실이 그렇습니다. 오랜 세월 동안 학교기관이 해 온 이 극단적 소비는 상업적 정치적 동맹군들을 유혹했습니다. 그들은 매우 중앙집권화 되고 강제적이며, 운영방식 또한 그런 사업에서 막대한 이익을 얻습니다. 다시 말해 거의 모든 사람들의 불만으로부터 이익을 얻는 거죠. 조금만 생각해보면, 여러분은 경제적 장치로서의 학교는 나쁘게 운영될 때 가장 성공적임을 믿게 될 겁니다.

이 제도가 쉽게 고쳐질 수 있는 것이라면 지난 서른 해 동안 학교제도에 반대하는 운동에 의해 이미 강타당했을 겁니다. 1983년 교육부장관의 보고서 〈위기에 놓인 국가 A Nation At Risk〉는 학교에서 벌어지는 참혹한 현실 때문에 나라의 미래가 중대한 위험에 빠져 있다고 경고했습니다. 우리는 물론 그 뒤로 학교문제가 속속들이, 그리고 끊임없이 조명되고 빠르고 분명한 변화가 일어나길 기대했습니다. 그러나 우리가 깨달은 것은 이런 비판에도 학교는 요지부동이라는 사실이었습니다. 여러분이 아무리 학교의 발전을 평가하고자 해도 학교는 십 년 전보다 더 악화된 상태입니다. 〈위기에 놓인 국가〉가 발행되고 나서 새로운 행정가 군단이 무섭게 질주하는 학교체제에 올라탔습니다. 그 뒤 교육행정가는 전국에서 110%나 늘어났습니다.

　뉴욕시는 아무리 걷어차여도 아픔을 못 느끼는 송장 같습니다. 정부의 간섭이 대개 문제를 해결하는 게 아니라 문제를 악화시킨다는 걸 보여주는 전국 대표 사례가 되었으니까요. 뉴욕에서 많은 교사와 행정가들은 뜨내기 정치인과 비슷합니다. 그들은 일터에서 멀리 떨어진 곳에 살면서 자녀를 대도시의 공립학교보다 먼 학교로 통학시킵니다. 그러면 여러분은 "글쎄, 그건 뉴욕 이야기지 우리 학교는 괜찮아. 사람들이 말하는 나쁜 학교랑은 다르다구." 하고 착각하지 않을지 염려스럽군요. 사실 저는 자기 학교가 정말 크게 문제가 있다고 생각하는 사람들을 지금까지 한 사람도 만나지 못했습니다. 그래서 마지막 인사말을 하기 전에 여러분에게 위스콘신 주의 밀워키 얘기를 들려 드리고 싶습니다. 그곳은 제가 가르치는 이곳 맨해튼에서 멀리 떨어져 있죠. 다음 사실은 〈교육 소식 Education Update〉 1990년 가을호에 실렸던 것입니다.

　아름다운 밀워키는 지난해에 학생 한 명당 6,951달러를 썼습니다. 그곳의 중앙행정부가 먼저 3,481달러를 떼어가고 2,970달러만이 학교에 떨어집니다. 그 가운데 교육에 직접 쓰이는 돈은 1,647달러뿐이죠. 1달러에서 겨우 25센트 정도 남는 겁니다! 우리는 지금 진실에 다가가고 있습니다. 학생 일인당 7,300달러나 쓰는 뉴욕시의 사례는 분명 전국 학교 관계자들의 마음에 쏙 들 것입니다. 학교교육이 제공하는 직업 경력은 시장에 늘 있는 위험과는 동떨어져 있지요.

이 시스템이 아이들을 위한 것이라면, 그리고 더 많은 돈이 정말 필요한 것이라면 그 이유에 대한 설명에 귀 기울여야 합니다. 하지만 학교는 모든 국가개혁의 파도가 몰아치고 난 다음에도 악화되기만 하는 실패작입니다. 20세기만 해도 개혁파도가 일곱 번이나 몰아쳤는데 말입니다. 전국교육진보협회National Association of Educational Progress 는 전국의 열일곱 살 학생 가운데 반도 안 되는 학생만이 복잡한 지식을 어느 정도 이해하고 요약하고 설명할 수 있다고 합니다. 우리 공립학교에서는 새 프롤레타리아 계급을 만들어냈고 특권층에만 엄청난 돈을 지불해왔던 것입니다.

우리가 이 유감스런 상황을 바꾸기 위해 첫 번째로 할 수 있는 일은 학교에 투자되는 자금, 곧 교육예산이 부족하고 학교 관계자들에게 돌아가는 보수가 적기 때문이라는 생각을 바꾸는 것입니다. 평범한 사립학교 교사들은 1990년에 1만7천 달러를 벌었고, 평범한 공립학교 교사들은 한 해 9~10개월 일하고 3만2천 달러를 벌었습니다. 건강보험과 연금 같은 혜택을 생각한다면 거기에 5천~1만 달러를 더 보태야 실제 공립학교 교사 보수가 됩니다.

두 번째로 우리가 할 수 있는 일은 공립학교의 구조가 교사들의 자질과 상관없이 학교를 실패로 몰고 가고 있다는 것을 꿰뚫어보는 것입니다. 강제성, 대규모, 무의미한 짜깁기식 커리큘럼, 비대한 경영, 표준화된 시험들이 바로 그 구조입니다. 종류도 다르고 운영방식도 다양한 수많은 사립학교, 종교계 학교, 홈스쿨, 그리고 독학에 이르기까지, 이들 모두는 공립학교와 뚜렷하게 대비되는 점이 있습니다. 바로 가정에 진정한 선택권을 준다는 것입니다.

이른바 '진보시대'인 20세기 이전 미국에는 제도화되어 있지 않으나 매우 다양하고 자율적인 교육방식이 많았습니다. 어떤 것이 '최고의 시스템'이라고 주장하며 강요하는 사람도 없었습니다. 미국학교의 역사를 연구하는 로렌스 크레민L. Cremin은 '사실상 고객을 끌 수 있는 사람은 누구든 수업을 할 수 있었다. …… 누구든 가르칠 수 있고 누구든 배울 수 있었다. 그리고 많은 유형의 계약관계를 지배했던 것은 교회나 입법기관이 아니라 시장이었다'고 정리했습니다. 존 애덤스 대통령이 뉴잉글랜드 주민과 연관지었던, 그리고 세상을 감탄시켰던 비상함, 성실함, 독창성은 이런 기회들의 상호작용에서 비롯된 결과였습니다.

이런 학교들 가운데 자격증이 있는 교사를 쓴 곳은 한 곳도 없으며, 이는 오늘날 엑서터Exeter, 앤도버Andover, 초트Choate, 로렌스빌Lawrenceville, 힐Hill, 그로턴Groton, 컬리저트Collegiate 같은 우수한 사립학교도 마찬가지입니다. 교사자격증은 학교 마피아 일당이 운영하는 또 다른 바가지 사업으로, 나쁜 학교가 돈이 많이 들게 만드는 요인입니다. 사범대학에서는 어떤 마법도 일어나지 않습니다. 그런데도 이 기생적인 조직은 법적 자격을 독점하고 있는 덕택에 전국 모든 대학 수입에서 30퍼센트를 차지하고 있습니다.

저는 비록 교사자격증이 있는 사람이지만 여러분에게 알려 주고 싶은 길을 분명히 알고 있습니다. 서른 해를 일했지만 제 양심이 저를 괴롭히고 있기 때문입니다. 우리는 학교교육을 독점하고 있는 정부의 탐욕스런 손아귀를 벌려야 합니다. 학교들이 자유롭게 교육을 펼치도록 하고, 사람들이 저마다 원하는 학교를 선택할 수 있게 해야 합니다. 그래도 그 학교들이 여전히 나쁜 학교, 돈이 많이 드는 학교로 남아 있을지 살펴보아야 합니다. 우리는 공급 쪽을 자극할 필요가 있습니다. 이는 단순히 바우처(원하는 교육을 선택할 수 있게 교육비를 지원하는 것 _옮긴이)같은 것을 뜻하는 것이 아닙니다. 도전 정신을 가진 교사들과 학부모, 사업가, 기관, 그리고 가치 있는 것을 제공할 수 있는 모든 이들이 학교교육에 전망 있는 프로그램을 지원한다는 것을 뜻합니다.

우리는 이런 생각을 가진 이들에게 자율권을 부여하여 그들이 공정하게 겨룰 수 있게 해야 합니다. 실패를 두려워하지 말아야 합니다. 이미 우리는 실패했고 더 이상 나빠지리라고 상상하기 힘드니까 말입니다. 교육세의 일부를 학부모에게 돌려주어 그들이 낡은 형식과 새로운 형식을 자유롭게 선택할 수 있도록 해야 합니다. 그래야 학부모들이 지금보다 더 나은 선택을 할 수 있습니다. 그것은 학교 문제를 다루는 옳은 방법일 뿐만 아니라 우리 삶을 바로 세우는 일이기도 합니다. 이제는 분명히 깨달아야 할 때입니다. 우리 수호신의 말에 귀 기울일 때입니다.

3
우둔함, 강제적인 학교교육의 음모

우둔함에 대해 얘기해보죠. 학교가 가장 잘 가르치는 것이 바로 이것이니까요. 예전에는 우둔함이란 것이 그저 무지함, 무언가를 알지 못함을 뜻했습니다. 하지만 알고자 한다면 알아낼 방법은 얼마든지 있었죠. 정부에 의해 통제되는 강제적인 학교교육은 우둔함을 없애지 못했습니다. 지금 우리는 학교교육을 강제하기 이전 사람들이 오히려 글을 더 잘 읽었다는 사실을 알고 있습니다. 우둔함은 더욱 공고해진 것입니다.

오늘날 우둔한 사람들은 그저 무지한 것이 아닙니다. 아무 비판 없이 기성의 가치관을 받아들였기 때문에 생긴 현상입니다. 오늘날의 우둔한 사람들은 시사 주간지나 공영 방송, 대통령의 견해에 정

이 글은 1992년 9월 텍사스 대학 오스틴 캠퍼스에서 한 강연 내용이다.

통해 있습니다. 그들은 가장 맘에 드는 기성의 가치관, 얻어 들은 의견을 고르기만 할 뿐이죠. 이 새로운 무지의 제국에서 엘리트란 남들의 생각을 가장 많이 알고 있는 이들입니다.

사고력을 앗아가는 학교교육

현대사회는 이런 대규모의 우둔함을 필요로 합니다. 우둔한 사람들은 시장조사자, 정부의 정책결정자, 오피니언 리더나 그 밖의 이익집단이 쉽게 심리조작을 할 수 있는 유순한 사람들입니다. 사람들이 기성의 견해를 많이 기억하면 기억할수록 그들이 어떤 선택을 할것인지 예측하는 게 더 쉬워집니다. 우둔한 사람들은 스스로 생각하지 못하고, 오랜 시간 동안 혼자 있으면 불안해서 못 견딥니다. 스스로 생각하지 못하게 하는 것, 그것이야말로 국가에서 강제로 하는 학교교육의 모든 목표입니다. 우리는 스스로 생각해서는 안 됩니다. 독립된 사고야말로 과학적인 정확성을 보장하는 '전문가다운' 사고에 방해가 되기 때문입니다.

현대과학의 우둔함이 지성 있는 지식으로 위장하고 있습니다. 그러나 실제는 전혀 다릅니다. 참된 지식이란 힘들고 고통스런 사유를 거쳐서 얻어지는 것입니다. 참된 지식은 집단토론이나 집단치료 속에서 생겨날 수 있는 것이 아니며, 자기 자신과 마주하는 고독한 시간 속에서만 얻을 수 있습니다. 참된 지식은 자기 자신과 다른 사람들에 대해 끊임없이 의문을 던지고 스스로 해답을 구해야만 얻어지는 것이지 심리학자나 자격증이 있는 전문가, 학교 교사에게 돈 주고 살 수 있는 것이 아닙니다.

이 나라에는 참된 지식을 얻게끔 만들어진 공립학교는 한 군데도 없습니다. 아니 괜찮은 학교조차도 없습니다. 교사 한 사람 한 사람이 게릴라 전사처럼 여기저기서 이 제도를 반대하고 이상을 실현하려 일하고 있는데도 말입니다. 학교는 학생들을 고유한 존재로 받아들이지 않고 분류해내려는 목적으로 세워졌습니다. 그러므로 가장 훌륭한 교사들이라도 그들이 소화해낼 수 있는 질문의 양에는 엄격한 한계가 있습니다.

새로운 우둔함, 곧 아무 비판 없이 남의 생각을 받아들이는 것은 단순한 무지보다 훨씬 위험합니다. 이것이야말로 사고통제와 관련되어 있기 때문입니다. 학교에서는 개인이 타고난 지성의 힘을 없애버립니다. 그 힘을 아주 말끔히 없애버리기 때문에 독창적인 사고가 어려워집니다. 이것이 처음부터 학교의 목적 가운데 하나였습니다. 이런 사실이 의심스럽다면 윌리엄 토리 해리스^{W. T. Harris}의 《교육 철학 The Philosophy of Education》을 읽어보시기 바랍니다. 해리스는 1900년 무렵 미국 교육부장관이었고, 학교를 규격화하는 데 가장 큰 영향력을 행사한 사람입니다. 그는 이렇게 말합니다.

"학생 100명 가운데 99명은 기계처럼 움직인다. 이미 정해진 길을 따라 걷고, 이미 굳어진 관행을 따를 뿐이다."

해리스의 설명대로라면 이는 우연한 일이 아니라 '실질적인 교육의 결과'입니다. 과학적으로 설명하자면 '교육은 개인을 예속시키는 것'

이고, '과학적인 교육은 개인을 로봇처럼 행동하도록 만드는 것'이라는 생각이 여태껏 가장 영향력 있었던 미국 교육부장관의 생각이었습니다.

위대한 신학자 디트리히 본회퍼D. Bonhoeffer는 나치즘을 날카롭게 분석한 글에서 이 새로운 우둔함의 문제를 제기했습니다. 학교교육이 세계에서 가장 잘 짜여진 독일이 어떻게 그런 길을 가게 되었는지를 분석하면서, 그는 나치즘을 잘 짜여진 학교교육의 심리학적 산물로 볼 수밖에 없다고 결론지었습니다. 주어진 생각, 기성의 가치관이 너무나 압도적이다 보니 개인들이 무엇을 스스로 평가하기를 포기했다는 것입니다. 무엇 때문에 구태여 세계나 인류 양심의 지도를 그려야 할까요? 학교와 미디어가 이미 완성된 지도, 완성된 사고방식을 넘치도록 주고 있는데 말입니다.

새로운 우둔함은 중류 또는 중상류 계급 사람들에게 더욱 심각합니다. 그들은 체제 순응에 대한 복합적인 필요성 때문에 이미 깊이 생각하지 않게 되었습니다. 대부분의 사람들은 불안하나마 학력, 학위 또는 자격증이 뭔가를 알고 있다는 것을 증명해준다고 믿습니다. 그러다가 충격적인 이혼을 하거나 자식들로부터 멀어질 때, 실직을 하거나 주기적으로 삶의 허무감이 찾아들 때, 위태로운 정신의 균형이 깨어져 불완전한 인간성이 드러날 때면 그 믿음이 여지없이 흔들립니다.

미국 학교교육의 불길한 천재 윌리엄 해리스의 말을 다시 들어봅시다. 그는 나이에 따라 학년을 가른 교실을 여러분에게 선물한 사람입니다.

"학교의 궁극적 목표는 아름다운 강당이 아닌 어둡고 답답하고 누추한 곳에서 더 잘 실현될 수 있다. 학교는 물리적인 자아를 지배하고 본성의 아름다움을 능가해야 한다. 학교는 바깥 세계와 단절하는 힘을 키워야 한다."

100년 전, 해리스는 자기소외야말로 성공적인 사회에 이르는 지름길이라고 생각했습니다. 어린 학생들의 머리를 다른 사람들의 생각으로 채우고 추한 것들로 에워싸는 것, 그것이 자기소외의 방법이었습니다. 누가 감히 그가 틀렸다고 말할 수 있을까요?

삶과 동떨어지지 않은 교육

여러분에게 잣대를 하나 권하고 싶습니다. 훌륭한 학교교육을 판단하는 기준 말입니다.

메인 주 바스에 있는 집연구소The Shelter Institute는 여러분의 나이에 상관없이 80평 넓이에 여러 층으로 된 집 짓는 방법을 3주 안에 가르쳐줄 겁니다. 한 주를 더 머문다면 여러분 스스로 기둥과 서까래를 만들 수 있도록 가르쳐줄 겁니다. 여러분 스스로 나무를 잘라서 다듬고 세워 완성할 수 있습니다. 또 전기배선, 배관, 단열, 토목 일을 배우게 될 겁니다. 2만 명에 이르는 사람들이 공립학교 한 달 수업료 정도의 돈만 내고 거기서 집짓기를 배웠습니다.

또, 그만큼의 돈만 있으면 바스 거리에 있는 메인 주 해양박물관

Maine Maritime Museum 도제 과정인 어프렌티스 숍Apprentice Shop에서 1년 과정(방학 없이 1주에 40시간)의 전통 목선 제작반에 등록할 수 있습니다. 수업료는 다 해서 800달러지만 조건이 하나 있습니다. 거기서는 2주 동안 자원봉사를 해야 학생으로 받아줍니다. 자원봉사를 해야 그쪽에서 여러분을 알게 되고 여러분 또한 자기가 하고 있는 일이 무엇인지 판단할 수 있을 테니까요. 이렇게 13개월과 1,500달러를 투자하면 집 한 채와 배 한 척을 갖게 됩니다.

더 배우고 싶은 것이 있나요? 농사짓기, 옷 만들기, 자동차 수리, 가구 만들기, 노래하기? 역사적 상상력이 있는 사람이라면 토머스 제퍼슨의 염원, 곧 학교는 쓸모 있는 지식을 가르쳐야 한다는 기도를 떠올릴 것입니다. 실제로 쓸모 있는 지식을 가르치고 있는 곳이 있습니다. 오늘날 미국에서 가장 훌륭한 교육은 박물관, 도서관, 그리고 사설기관에서 이루어지고 있습니다. 여러분의 자녀에게 진짜 교육을 시키고 싶다면 집연구소의 기준에 맞춰보십시오. 그러면 아주 바람직한 결과가 나올 것입니다.

우리가 공립학교에 의문을 던진다면 과연 '공립'이라는 말의 원래 뜻에 어울리는 것이 그곳에 있기나 한지부터 의문을 던져야 합니다. 모농가헬라 강둑에서 뛰어 놀던 아이인 제게 그 말은 사회현실을 풍자하는 만화 같습니다. 사람들에게서 자결권을 빼앗은 기관이 '공립'이라고 자처한다면, '공'교육세를 내지 않았다는 이유로 정부가 집을 압류할 수 있다면, 정부가 지정한 학교에 자녀들을 보내지 않았다고 법정이 그 가정을 산산조각 낼 수 있다면 '공립'이라는 말은 사람들을 노예처럼 다루는 기관에나 딱 어울리는 표현일 따름입니다.

집연구소가 아름다운 집 한 채를 손수 지을 수 있게 하는 데 걸리는 시간은 다 해서 몇 주뿐입니다. 해양박물관에서 배를 만들고, 밧줄과 돛, 낚시도구 만드는 기술을 배우는 데는 몇 달밖에 걸리지 않습니다. 우리에게는 학교교육이 너무 적은 것이 아니라 너무 많은 것입니다. 학기가 짧은 홍콩이 과학과 수학 경시대회에서 일본을 앞섭니다. 학기가 긴 이스라엘은 벨기에를 따라잡지 못합니다. 벨기에는 세상에서 학기가 가장 짧은 나라입니다.

누군가가 여러분에게 거짓말을 하고 있는 것입니다. 부유하고 건강하고 아름다운 나라이며 모든 생산물의 품질을 널리 인정받고 있는 스웨덴에서는 아이들이 만 일곱 살이 되어야 학교에 갑니다. 스웨덴의 의무 학교교육은 12년이 아니라 9년입니다. 그런데 그 정도로 학교교육을 끝낸 여느 스웨덴 사람들이 그보다 학교교육을 훨씬 오래 받은 미국 사람들보다 몇 곱은 더 뛰어납니다. 여러분은 왜 이 사실을 알지 못할까요? 여러분이 알지 못하는 것이 누구에게 이로운 것일까요?

학생들이 스웨덴 학교에 입학할 때 학교당국은 세 가지 질문을 던집니다. 왜 이 학교에 오려고 하는가? 학교를 다니면서 무엇을 얻고자 하는가? 또 무엇을 하고 싶은가? 그리고 학생들의 대답에 귀를 기울입니다. 그러고 나서는 이제 학부모들이 교사에게 질문을 던집니다. 선생님은 집이나 배를 만들 줄 아나요? 채소를 키우고 옷을 만들고, 우물을 파고, 노래를 부르고(선생님 자신의 노래를), 선생님의 아이들을 행복하게 해주고, 일상의 세계에서 온전한 삶을 살 수 있나요? 아니라고요? 그렇다면 선생님은 제 아이를 가르칠 수 없습니다.

제 인생이나 우리 아이들에 대해 애석하게 생각하고 있는 일이 하나 있습니다. 가슴에 주홍글씨를 달고 다녀야 했던 헤스터 프린이 딸을 빼앗아 가려 하는 청교도 장로들에게 한 말을 해볼 용기가 제겐 없었다는 것입니다. 적대적인 사람들에 둘러싸여 친구도 없이 혼자서 누추하게 지내던 그 여자는 "내가 죽기 전에는 안돼요!" 하고 말했습니다.

몇 주 전에 펜실베니아 스트라우즈버그에서 한 젊은 엄마가 제게 전화를 했습니다. 주정부가 어린 딸 크리시를 집에서 교육하는 것을 중단하라고 통보해왔다고 말입니다. 정부가 크리시를 학교에 강제로 데려가겠다는 것입니다. 그 엄마는 어떻게 비용을 대야 할지는 모르지만 싸우겠다고 말했습니다. 우선 법으로, 그리고 나서는 무슨 방법으로든지요. 이 젊은 엄마와 펜실베니아 주정부 중 누가 이길지 내기를 걸라고 한다면 저는 그 엄마에게 걸겠습니다. 그 엄마의 말 속에서 제가 들은 것은 "내가 죽기 전에는 안돼요!" 였으니까요. 정부가 제 아이를 데려가려 했을 때 저도 그 말을 할 수 있었더라면 좋았을 것을 그러지 못했습니다. 하지만 다시 태어난다면 꼭 그렇게 말할 것입니다.

며칠 전에 한 신문사에서 아이들을 학교에 입학시키려는 부모들에게 조언을 해달라는 전화가 왔습니다. 기자가 원한 것은 뉴욕주

'올해의 교사'였던 사람에게 건전한 격려사를 듣자는 것이었습니다. 저는 이렇게 말했습니다.

"학교가 학교 위주가 아니라 당신 위주로, 당신과 직접 진심으로 의논을 하러 오지 않거든 학교에 협조하지 마십시오. 확인해보지도 않고 낯선 사람들에게 아이들을 무조건 맡겨놓고서는 좋은 결과가 나오기를 희망하는 것은 모든 것을 포기한 사람만이 하는 일입니다. 부모와 학교당국은 분명한 적대관계에 놓여 있습니다. 한 쪽은 생계 수단이고, 다른 쪽은 가족이라는 예술작품을 만들려고 합니다.

만일 당신이 아첨에 속아 넘어가거나 특별학급이나 학습계획 같은 쓸데없는 미끼에 넘어가거나 뭔지 모를 자격증이나 학위 따위에 겁을 먹거나 한다면 당신은 당신 가정의 배신자가 되어 국가가 주도하는 학교교육의 힘을 집안까지 끌어들이게 될 것입니다. 그것을 허용한다는 것은 수치스러운 일입니다. 당신이 할 일은 진짜 교육이고, 교사의 일은 학교교육입니다. 당신은 사랑을 위해 일하지만 교사는 돈을 위해 일합니다. 관심사가 근본부터 다릅니다. 한 쪽은 개별적인 것인데, 다른 쪽은 집단적인 것입니다. 당신에게 시간과 의지가 있다면 자녀를 독립적인 사람으로 만들 수 있겠지만, 학교는 아이들을 오직 가축이나 벌떼나 개미 무리의 한 부분으로 만들 뿐입니다."

교육을 위한 사보타주

얼마 전 플로리다에서 유타주까지 전국에서 학교를 이용한 우유

값 안정정책이 이루어지고 있다는 뉴스가 보도되었습니다. 한 세기에 걸쳐 계속되던 이 불법행위로 56명이 체포되었습니다. 어떤 도매업자보다도 더 많은 우유값을 내는 곳이 학교라는 사실에 놀랐습니까? 여러분의 학교 교장에게 우유값으로 얼마가 나가는지 물어보십시오. 아마도 교장은 실성한 사람 쳐다보듯 여러분을 바라볼 것입니다. 교장이 그걸 어떻게 알겠으며, 도대체 왜 그런 데 관심을 두겠습니까? 어느 교감이 제게 이렇게 말한 적이 있습니다.

"그건 당신 돈이 아니잖소. 도대체 뭣 때문에 흥분하는 거요?"

바로 그 교감이 제가 학교에서 서른 해 동안 만난 사람 가운데 두 번째로 훌륭한 관리자였다고 한다면 믿으시겠습니까? 그는 정말 그랬습니다. 이것이 우리가 가져야 할 잣대입니다. 학교에서 이루어지는 낭비는 놀랍기만 합니다. 아무도 필요로 하지 않는 일에 사람들이 고용되고 직함이 만들어지죠. 계약되는 용역에서, 책이나 우유 같은 물품 공급에서 낭비가 일어납니다. 아이들이 종소리에 따라 복도를 우르르 왔다갔다하는 데서도 귀중한 시간이 한심하게 낭비되고 있죠. 제 경험으로 보아 가난한 학교가 부유한 학교보다 훨씬 많이 낭비합니다. 그리고 부유한 학교도 여러분이 생각하는 것보다 낭비를 많이 합니다.

학교에 딱 한 가지 공적인 면이 있다면 일자리를 제공한다는 점입니다. 일자리 가운데 많은 수가 정치적인 영향력으로 따로 채워지지만 말입니다. 공립학교는 평범한 사립학교가 교사 한 사람당 공립학교 비용의 반도 안 되는 비용만 들이고도 어떻게 성과를 낼 수 있는

지 이해하지 못합니다. 여느 종교계 학교가 어떻게 그보다 훨씬 적은 비용으로 성과를 거두고 있는지 이해하지 못합니다. 홈스쿨링이야 말로 그들이 절대 이해하지 못하는 수수께끼입니다. 어느 교장이 제게 이렇게 말한 적이 있습니다.

"그 사람들은 하루 종일 아이들 쫓아다니랴, 그 돈 감당하랴, 골치가 아플 거요!"

제가 그토록 반감을 느끼는 이 지긋지긋한 제도에서 어떻게 서른 해 가까이 살아 남았을까요? 제 이야기가 다른 교사들에게 새로운 목표를 보여줄 수 있으리라는 희망에서 그 이야기를 고백하려고 합니다. 저는 작은 일이나 큰 일에서 적극적으로 사보타주를 해왔습니다. 제가 꿋꿋하게 했던 일은 지금 여기서 말하고 있는 것들을 아이들에게 가르친 것이었습니다. 곧, 학교교육이 배 만들기나 집짓기를 가르치지 않으면 나쁜 교육이라는 것, 다른 사람에게 자기 자신에 대한 상세한 정보를 알려주면 그 사람들에게 유리하지 자신에게 이익이 되는 일은 거의 없다는 것 따위를 말입니다.

저는 일상에서 또 일부러 사보타주를 했습니다. 정기적으로 규칙을 어겼고, 틀에 박힌 수업시간과 공간을 융통성 있게 만들고, 경직된 교과과정이지만 아이들 저마다에게 필요한 것이 될 수 있도록 새로운 방법으로 평가기록을 했습니다. 새로 부임한 교사들에게 변증법적으로 사고하도록 권유하여 그들이 승진 피라미드에 끼어들지 않도록 꾸준히 방해공작을 폈습니다. 저는 학교가 가진 징계제도의 약점을 이용했습니다. 눈에 띄지 않는 방법으로 그 매커니즘에 도전하고 제가 그것을 두려워하지 않는다는 사실을 보여주었습니다. 징계 매커니즘은 두려움을 기초로 효력을 유지하고 있기 때문이죠. 관리자들끼리 반목하게 만들어서 그들이 저를 쓰러뜨리지 못하게 했고, 그조차 힘에 부칠 때는 지역사회의 사업가, 정치인, 학부모, 기자들의 힘을 동원해 운신의 폭을 넓혔습니다. 한번은 제가 심한 공격을 받아 궁지에 몰려 있을 때 아내에게 학교의 이사로 출마해 달라고 부탁했습니다. 아내는 이사로 선출되어 교장을 해임했습니다. 그리고 그의 일당들을 은근슬쩍 여러 방법으로 처벌했죠.

하지만 제가 무엇보다 자랑스럽게 여기는 것은 아이들이 학교제도에 갖는 믿음을 무너뜨리고 그 자리에 자신의 생각과 마음에 대한 믿음을 심어주었다는 것입니다. 저는 윌리엄 해리스를 깔아뭉개고(비록 제가 받은 학교교육의 잔재를 다 털어내기도 전에 어른이 되었지만) 모농가헬라의 푸른 강물과 철강 도시 피츠버그가 제게 주었던 것을 아이들에게 주었습니다. 사랑 넘치는 가족, 우정, 문화, 이웃, 그리고 자존감 넘치는 마음 말입니다. 저는 어떻게 해야 운명을 제대로 극복하고 나중에 책으로도 펴낼 만한 놀라운 성공을 거둘 수 있는지 아이들에게 가르쳐주었습니다.

제가 가르친 아이들 가운데 몇 명은 학교를 떠나 아마존으로 갔습니다. 그들은 아마존 인디언들과 함께 살며 정부의 댐 건설이 전통적인 인디언들의 삶에 어떤 영향을 미치고 있는지 스스로 연구하고 있습니다. 어떤 이들은 니카라과에 가서 전투부대에 합류하여 그 땅의 민중들의 삶에 바탕을 두고 있는 아름다운 시를 연구하고 있습니다. 어떤 이들은 영화를 만들어 상을 탔고, 어떤 이들은 코미디언이 되었습니다. 어떤 아이들은 사랑을 이루었고, 어떤 아이들은 사랑에 실패했습니다.

교사자격증과 전문성

교사자격증이라는 환상도 파헤쳐 봅시다. 교사들은 마치 전문가인 것처럼 자격증을 따고 월급을 받습니다. 하지만 교사들 가운데 전문가는 거의 없습니다. 예를 들어 과학교사가 과학자인 경우는 거의 없습니다. 과학자는 스스로의 열정으로 자연의 비밀을 캐고, 혼자 있는 시간에도 이를 탐구합니다. 이 나라의 과학수업 가운데 무언가를 발견하려는 진지한 탐구를 하는 시간이 얼마나 되며 과연 인류의 지식에 보탬이 되고 있나요? 과학수업은 시간 때우기로 정해진 방법 그 이상은 아니죠. 아이들은 과학용어를 외우고 늘 해왔던 순서대로 수업을 되풀이하며 텔레비전 광고 노래를 따라 부르듯이 공식을 암기합니다. 과학교사는 국가검정 과학교과서에 적혀 있는 정치적 사실들의 홍보요원입니다.

따라서 과학교육이 참된 과학의 밑바탕이라고 믿는 사람들은 매우 순진한 사람들입니다. 텔레비전이 이미 완성된 화면과 이미 만들어진 생각과 불완전한 환상을 보여줌으로써 생각하는 힘을 파괴한다는 것을 알면서도 그래도 공영방송만큼은 여기서 예외일 거라고 믿는 지식인들도 순진하기는 마찬가지입니다.

과학자가 어떻게 만들어지는지 알고 싶다면 로버트 스콧 루트-번스타인R. S. Root-Bernstein이 쓴 《발견Discovering》이라는 멋진 책을 읽어보시기 바랍니다. 유명한 과학자가 들려주는 이야기를 읽으면 초전도 같은 특이한 발견을 비롯하여 20세기에 이루어진 주요한 과학 발견 가운데 어느 것도 연구소 실험실이나 기업, 정부 실험실, 또는 학교 실험실에서 나오지 않았다는 걸 알게 됩니다. 학교 실험실에서 놀라운 발견이 이루어지지 않았으리라는 건 짐작할 수 있을 것입니다. 하지만 나머지 실험실에서도 마찬가지였다는 사실은 놀랍지 않은가요? 모든 중요한 발견은 차고, 다락, 지하실에서 나왔습니다. 모두가 값싸고 단순한 장비와 재미나고 독창적인 방법에서 비롯되었죠. 학교는 과학을 종교로 바꾸어놓기에는 완벽한 장소이지만 결코 과학을 배울 수는 있는 곳이 아니라는 점은 확실합니다.

영어, 수학, 사회 그리고 다른 여러 진보 과목의 담당교사들이라 해 봤자 실력이 있다면 아주 조금 더 있을 뿐입니다. 3백만 명이나 되는 교사들이 그들의 자격증이 보장하는 대로 정말 전문가들이라면 그들은 사회 현실과 정책 입안에 대해 큰 목소리를 내고 있을 것입니다. 우리가 정직하다면 '학교 단위 운영school-based management'(학교의 질 향상을 위해 중앙집권적인 행정을 벗어나 단위 학교에 의사결정권을 주어 운영하게 한다는 개념 _옮긴이)에 대한 허튼 소리가 나도는 마당에 그렇게 거대한 집단이 어쩌면 이토록 조용할 수 있는지, 어쩌면 이토록 영향력이 없을 수 있는지 의문을 가져야 합니다.

부디 오해하지 마시기를! 교사들 중에는 착하고 똑똑하며 재능이 있고, 매우 열심히 일하는 사람들이 많습니다. 하지만 교사들이 얼마나 똑똑한지, 그들이 얼마나 성실하게 '학교교육'을 하고 있는지, 또는 아이들의 행동을 얼마나 잘 통제하는지(결국은 이것이 교사를 고용하는 이유입니다. 교사가 아이들을 통제하지 못하면 해고되죠. 하지만 교사가 아이들을 잘 통제하면 다른 것들은 거의 문제되지 않습니다)에 상관없이, 교사들의 노력과 우리가 치른 비용은 거의 의미를 잃고 물거품이 되고 맙니다. 가끔 학교는 정신발달이나 인격형성 면에서 '가르침을 받기' 전보다 아이들을 악화시킵니다. 성공한 것 같은 학교는 스스로 학습동기를 갖고 있는 아이들을 선별해서 받아들이기 때문에 그렇게 보이는 것입니다.

프러시아와 미국 학교교육의 관계

강제적인 학교교육이라는 이상한 세계를 더 잘 들여다볼 수 있는 길은 책을 통한 것입니다. 저는 진짜 책과 교과서가 다르다는 것을 알고 있었습니다. 하지만 그 차이점을 확실히 깨닫게 된 것은 어느 날 따분한 영어 교과서에 싫증이 나서 8학년 영어시간에 《모비딕 Moby Dick》을 가르치기로 결정하면서였습니다. 저는 중학교 45분 수업시간을 위해서는 그 '흰 고래'가 너무 크다는 사실을 알게 되었습니다. 그렇다고 해서 이야기를 수업시간에 '짜맞출' 수는 없었죠. 하지만 모비딕 교과서판 편집자들은 미리 만든 질문 꾸러미도 실어놓고, 제멋대로 100가지에 가까운 해설을 붙여놓았습니다. 이런 간섭이 장의 처음과 끝마다 실려 있었죠. 저는 교과서용 책이 진짜 책이 아니라 위장한 세뇌도구라는 걸 알게 되었습니다. 그 책은 어떤 선생이 가르치든, 어떤 학생이 배우든 똑같은 것이 되었습니다.

가르치는 사람에 의해 영향을 받지 않도록 의도된 이 그림 짜맞추기 식 교과서는 흔히 불길한 천재 프레데릭 테일러Frederick Taylor(1856~1915, 미국의 능률공학자, 과학적 경영기법의 개발과 보급에 앞장선 이 _옮긴이)가 세기의 전환기에 쓴《과학적 경영Scientific Management》에서 유래한다고 생각하지만 실은 그렇지 않습니다. 이 제도는 사실 미국혁명 이전 18세기 프러시아에서 프리드리히 대왕이 만들어냈고, 1806년 나폴레옹에게 굴욕적으로 패한 뒤 19세기 초반 프러시아에서 완성되었습니다. 학교교육이라는 새로운 제도는 프러시아의 국력을 만들어낸 도구였고, 영향 받기 쉬운 나이의 학생들을 쓸 만한 기계부품으로, 임무와 목표를 국가에 의지하는 인간기계로 전락시킨 제도였습니다. 블뤼허Blücher의 해골 기병대가 워털루에서 나폴레옹을 무찔렀을 때 프러시아 학교교육의 값어치는 굳어졌습니다.

1819년에 프러시아가 세계 최초로 강제적인 학교교육의 첫 번째 실험실을 내놓았습니다. 바로 그해에 메리 셸리M. Shelley가《프랑켄슈타인Frankenstein》을 썼습니다. 한 독일 과학자가 시체 조각을 모아 괴물을 완성해내는 이야기였죠. 강제적인 학교교육은 메리가 염두에 두고 있던 괴물이었습니다. 자기의 창조자를 찾아 떠도는 인조 괴물, 가정을 갖지 못하고 자신의 출신을 알 수 없다는 사실에서 비롯되는 크나큰 내면의 고통을 지닌 생명체가 일으키는 파괴가 그것을 상징하고 있습니다.

19세기에 프러시아와 미국의 유대관계는 매우 긴밀했습니다. 이는 오늘날 잘 알려지지 않은 사실입니다. 세계대전을 두 차례 치르는 동안 그 사실은 우리에게 당혹스런 일이 되어 역사책에서 사라졌기 때문입니다. 19세기 미국인이 받은 학위는 높은 것일수록 거의 독일에서 받은 학위였습니다.(이 사실 또한 편리하게 일반 역사에서 사라졌습니다.) 1814년에서 1900년까지 5만 명이 넘는 이름난 미국 가문의 젊은이들이 '교육'보다 연구에 바탕을 둔 새로운 고등교육기관에서 공부하기 위해 프러시아를 비롯한 독일의 여러 지역으로 순례를 떠났습니다. 그리고 1만 명이 박사학위를 가지고 돌아와서는 그때까지 학위제도가 없던 미국에서 손에 넣을 수 있는 거의 모든 지적·기술적 분야의 일을 차지했습니다.

프러시아 식 교육이 미국 정치지도자, 기업가, 성직자, 대학 관계자들 사이에서 전염병처럼 퍼졌습니다. 1845년에는 프러시아 황제에게 캐나다와 미국 사이의 국경을 정해 달라고 요청할 지경이었으니까요. 실제로 미국 의무교육을 창시한 사람들은 프러시아에서 시간제로 이루어지는 수업방식을 직접 배워왔습니다. 호레이스 맨은 〈1844년 보스턴 학교위원회 제7보고서〉에서 프러시아의 방식을 칭송하며 우리가 그것을 어떻게 우리 것으로 만들어야 하는지 서술하고 있습니다. 빅토르 쿠쟁V. Cousin이 프러시아 학교교육에 대해 쓴 책은 그 시대 미국의 화제였습니다. 그리고 겨우 25년이 지나 프러시아가 프랑스를 단숨에 무찌르고 독일통일이라는 기적을 일구어내자 이민으로 이루어진 이 땅의 사회계층을 통합하는 것은 바로 프러시아 식 학교교육이라는 것이 분명해 보였습니다.

1905년까지 프러시아에서 공부한 미국인과 프러시아에서 공부한 스승으로부터 배운 존 듀이J. Dewey 같은 미국인들이 미국의 새로운 과학적 교사양성기관인 컬럼비아 사범대학, 시카고 대학, 존스 홉킨스 대학, 위스콘신 대학, 스탠포드 대학들의 흐름을 이끌어 나갔습니다. 프러시아 식 세계관과 독일 철학과 교육학이 미국 학교교육의 선구자들 사이에 이미 굵은 뿌리를 내린 뒤였습니다.

여기서 한 가지를 놓치지 말아야 합니다. 이 나라에 프러시아 제도가 들어온 까닭은 교과과정에서 지적 요소를 없애버리기 위함이었다는 사실을. 그 사실을 이해하면 여러분의 아이들이 생각을 잃어버린 까닭을 알 수 있습니다. 지도층이 될 소수 정예에게만 생각하는 법을 가르치는 것이 프러시아 방식이었습니다.

프러시아를 본떠 새로운 미국 학교기계를 설계한 이들은 많은 사상가들한테 영향을 받았습니다. 그 가운데에서도 으뜸을 꼽으라면 독일 철학자 헤겔Hegel과 독일 의사 빌헬름 분트W. Wundt를 꼽을 수 있습니다. 분트의 실험실에서는 정신물리학(오늘날 '실험심리학'이라고 부르는 것) 기법이 정련되었습니다. 그의 업적 덕분에 상상력을 조금만 발휘해도 무시무시한 신세계가 나타나는 것을 알게 되었습니다. 분트는 미국에서 온 제자들에게 사람이 그저 복잡한 기계에 지나지 않는다는 사실을 설득력 있게 가르쳐주었기 때문입니다.

사람이 기계라! 이 비유는 전통, 문화, 도덕, 종교라는 오랜 족쇄

로부터 벗어나는 짜릿하고 명쾌한 해방이었습니다. '적응'은 학교와 사회복지국의 표어가 되었습니다. 분트의 제자 가운데 한 사람이었던 스탠리 홀 G. Stanley Hall(존스 홉킨스 대학 교수 시절 이름난 제자 존 듀이에게 독일 바이러스를 접종시킨 사람)은 컬럼비아 사범대학에서 독일교육을 함께 받은 친구 손다이크와 합세해 전국적으로 표준화된 시험이 필요하다고 역설했습니다. 홀은 약삭빠르게 오스트리아 의사 지그문트 프로이트의 미국 여행에 돈을 대고 강연회를 추진했는데, 이는 거의 모든 부적응의 원인이 부모와 가족이라는 프로이트의 이론을 널리 퍼뜨리기 위한 것이었습니다. 그리하여 더욱 아동이라고 하는 '어린 기계들'을 안전한 학교에 데려다놓아야 한다는 주장을 펼쳤습니다.

국가종교로서의 학교교육

독일 교육철학을 추종하는 사람들은 과학적 교육이 사람들을 적응시키는 데서 출발한다고 생각했습니다. 이처럼 '인위적인' 목표를 바탕에 깐 채 미국 학교교육의 앞날이 결정되었습니다. 그리고 재단, 특히 록펠러와 카네기 집안의 막강한 재정지원을 받아 교사를 양성하는 과학적인 대학이 새로 설립되었습니다. 프러시아에서는 이를 '사범학교'Teacher seminary(seminary는 신학교라는 뜻이 있다. _옮긴이)라 불렸습니다. 하지만 이 나라의 세속적 종교인들은 훨씬 신중했습니다. 교육받은 전문 성직자들은 학교라는 새로운 교회를 수호했고 그

율법을 나라의 법으로 만들었습니다. 이처럼 20세기 의무교육의 율법은 1895년 미국 교육부장관 윌리엄 해리스의 통치 기간이 3분의 1쯤 지날 무렵 빛을 보기를 기다리고 있었습니다.

프러시아에서 교사양성은 세 가지 명제에 기초하고 있는데, 그것을 미국이 나중에 빌려왔습니다. 첫째는 주권을 가진 존재는 국가로, 국가만이 아이들의 참된 부모라는 것입니다. 다시 말해 생물학적 부모는 자식의 적이라는 말입니다. 독일 사람인 프뢰벨이 유치원을 만들어냈을 때 그가 생각한 유치원은 '아이들을 위한' 정원이 아니라 '아이들로 이루어진' 정원이었고, 원예사가 정원의 꽃나무들을 가꾸듯 국가가 임명한 교사들이 아이들을 다듬는 것이었습니다. 유치원의 목적은 아이들을 엄마에게서 떼어내는 것이었습니다.

프러시아 학교교육의 두 번째 전제는 학교교육의 목표가 지적인 훈련이 아니라 복종과 예속이라는 것입니다. 사실 지적인 훈련을 하게 되면 복종은 기대할 수 없습니다. 의지만 꺾어버린다면 다른 나머지는 저절로 이루어집니다. 기억하십시오. 청교도 식민지 주민들에게는 의지를 꺾어버리는 것이 양육의 중심논리였습니다. 프러시아의 씨앗과 청교도의 토양은 무척 잘 맞았습니다. 이 농사에서 우리 의무교육이 싹텄습니다. 오랜 세월 동안 영국과 독일의 상류계급에서 어린아이들의 의지를 꺾는 방법으로 가장 잘 알려진 것은 일찍부터 부모와 떼놓는 것이었습니다. 이제 이 나라에도 국가권력으로 그 분리를 보장해주는 기관이 생겼습니다. 하지만 협박으로 순종을 강제하는 것으로는 충분치 않았죠. 아이들이 인조 부모를 사랑하도록 길러져야 했습니다. 조지 오웰의 《1984년》에서 주인공이 사랑하는 사람을 국가의 처분에 맡긴 뒤 자기가 '큰형님'을 사랑하고 있다는 것을 깨닫는 모습은 프러시아 방식의 학교교육이 끝내 어떤 운명을 낳을지를 보여주는 극적인 비유로 다가옵니다.

프러시아 식 훈련의 세 번째 전제는 교실과 일터는 단편적인 조각들로 단순화되어 아무리 바보라도 기억하고 운영할 수 있어야 한다는 것입니다. 이것으로 옛날부터 있어온 지도력의 딜레마가 해결되었습니다. 노동이 제 기능을 하는 데 필요한 것이 정신이 아니라 습관뿐이라면, 말을 듣지 않는 노동자는 즉각 대체해버려도 생산력에는 아무런 손실을 입지 않을 수 있다는 것입니다. 이는 몇 해 전 미국 전역에서 일어난 항공관제사 파업에서 효과가 입증되었죠. '전문가'로 여겨졌던 이 노동집단이 하룻밤 새 관리직 직원들과 급히 훈련된 보충인력들로 대체되었습니다. 그런데도 현장에서는 사고가 늘지 않았습니다! 어떤 일을 누구나 할 수 있는 것이라면 고용인들의 충성심과 복종을 보장받기 위해서가 아니면 많은 보수를 지불할 필요가 없죠. 사실 나쁜 부모들은 아이들에게 똑같은 방식으로 그런 왜곡된 형태의 사랑을 강요하지 않던가요.

교실이라는 훈련소에서도 모든 것이 이와 비슷한 관리 통제 아래에서 조각조각으로 분리됩니다. 이렇게 하면 학생들이 배우는 것을 양으로 환산하여 정확하게 등급 매길 수 있게 됩니다. 여기서 발견한 놀라운 모순은 등급이나 성적표가 정말로 측정하는 것이 지적인 성장이 아니라 권위에 대한 복종이라는 점입니다. 그렇기 때문에 표준화된 시험 점수와 지적 성취가 별로 상관없다는 것이 자꾸 드러나는데도 이런 일이 계속되고 있는 것입니다. 학교에서 실제로 평가하는 것은 학생의 순종도이고, 그 평가는 매우 정확하게 이루어지고 있습니다. 그런데 누가 온순하고 누가 그렇지 않은지를 아는 것이 정말 가치 있는 일일까요?

결국 자기가 하는 일이 어떻게 전체와 연관되어 있는지를 사람들이 알지 못한다면, 스스로 결정을 내리지 못하고, 먹을거리를 기르지도, 집을 짓거나 배를 만들지도 못한다면, 심지어 혼자 놀 줄도 모른다면, 정치적 경제적 안정이 보장될 것입니다. 몇 안 되는 잘 훈련된 관리자만이 전체가 돌아가는 법을 알기 때문입니다. 보통 사람들은 어디서 답을 구할 수 있는지는 둘째치고 심지어 어떤 물음을 던져야 하는지조차 알지 못할 것입니다.

이는 교묘한 교육방식입니다. 부모가 아이들을 학교에 보낼 때 품는 기대와는 다를지라도 말입니다. 학교교육이 세속의 종교라고 주장하는 사람들이 말하는 것이 바로 이것입니다. 여러분이 기성의 견해에 대해 스스로 생각할 수 있고 지혜를 얻는다면 어떤 식으로든 분명히 똑같은 결론에 이르게 될 것입니다. 학교교육은 우리의 공식적인 '국가종교'이지, 배움을 위한 중립적인 길이 결코 아닙니다.

학교와 경제질서

점점 늘어나는 사회병리 현상으로 미루어 우리가 아이들에게 저지르고 있는 잘못이 명백히 드러나는 만큼 이것은 당장 중단되어야 합니다. 하지만 잘못을 바로잡는 일을 결정적으로 막는 것이 있습니다. 학교교육이 하나의 거대한 사업이 되어버린 것입니다. 지켜야 할 일자리며 직위, 경력, 특권, 각종 계약들이 생겨났습니다. 미국은 하나의 국가로서 정치적·종교적·문화적 합의라는 사치를 누려본 적이 없었습니다. 나라 전체에서 이룬 합의란 오로지 경제적인 합의뿐이죠. 모든 사람들이 부자가 되고 싶어 하거나 부자인 사람들을 부러워하게 만들면서 통일성이 이루어지는 것입니다.

학교교육 같은 찬란한 경제기계가 일단 돌아가고 있으면 그것을 멈추려 하거나 그 황금빛 오르막길에서 벗어나려고 하는 사람은 오로지 제 정신이 아닌 사람뿐입니다. 사실 학교의 일자리는 보수가 많아 보이지 않았습니다(고용주들은 보수를 많이 받고 부자가 되었지만). 하지만 좀더 가까이 들여다보면 다른 직업보다는 많은 보수를 받고 있습니다. 그리고 복종적인 사람들을 위한 보금자리로는 더할 나위가 없습니다. 학교는 혼란스런 사회변동(사회격동기의 특징)을 감시할 수 있는 최고의 보험을 보장하기 때문입니다.

호레이스 맨, 헨리 바너드, 윌리엄 해리스, 에드워드 손다이크, 윌리엄 제임스, 존 듀이, 스탠리 홀, 찰스 주드, 엘우드 커벌리, 제임스 러셀, 이들 미국 역사의 위대한 교수들은 기업가들과 전통 있는 미국의 이름난 가문들에게 새 프러시아 제도를 후원해준다면 이 나라에서 혁명의 가능성이 사라질 거라고 수없이 약속해주었습니다.(혁명으로 태어난 나라에서 통치의 가장 유력한 수단이 또 다른 혁명을 예방하는 것이라니 이 얼마나 큰 모순인가요!)

학교는 새로운 경제질서를 보장하기 위한 정책입니다. 그 경제질서의 불행한 부산물로 가정과 자영농, 아름다운 경치와 공기, 물, 신앙에 바탕을 둔 공동체 삶, 그리고 흥망이 모두 자기 노력에 달려 있다는 오랜 믿음이 파괴되었습니다. 그 경제질서는 민주주의 자체를 뿌리뽑고, 지도자들이 평범한 시민들을 궁지에 몰아넣을 경우 투표로 하룻밤 새 상황을 바꿔놓을 수 있다는 약속을 파괴하는 것이었습니다.

일터와 학교에 대한 이런 프러시아 식 논리가 어느 날 갑자기 나타난 역사의 괴물이 아님을 지금쯤 깨달았기 바랍니다. 이제 교과서와 교실수업의 의미를 설명할 필요가 있겠습니다. 교과서와 교실수업은 사람들이 뭔가를 실제로 배우는 방식과는 전혀 다른 것들입니다. 록펠러재단과 카네기재단이 표준화된 공장과 비슷한 초기 학교교육에 지나칠 만큼 큰 관심을 가졌던 것은 이와 무관하지 않습니다. 이를 살펴보면 현대 미국 문화의 많은 의문점이 풀릴 것입니다.

의무교육은 처음부터 '대중'이라는, 개념이 새로이 형성된 집단을 세뇌시키려는 음모였습니다. 대중의 중요한 역할은 프롤레타리아가 되는 것이었죠.

과학적 학교교육의 대부인 오귀스트 콩트A. Comte에 따르면 아이들을 가족과 공동체, 신, 그리고 그들 자신과의 유대를 끊음으로써 쓸 만한 프롤레타리아 계급으로 만들어낼 수 있다고 합니다. 자기소외가 성공적인 학교교육의 열쇠라고 했던 윌리엄 해리스의 신념을 기억합니까? 정말 맞는 말입니다. 의존하는 시민집단을 만들어내려면 이들 유대가 깨져야 합니다. 그걸 그대로 놔둔다면 시민들의 복종을 보장할 수 없으며 관리할 수도 없습니다. 그래서야 어떻게 국가를 운영하겠습니까?

국가 주도의 학교교육은 무해한 프롤레타리아를 길러내도록 고안된 거대한 행동교정 기구입니다. 이들 프롤레타리아 가운데 가장 중요한 부분은 변호사, 의사, 기술자, 경영자, 정부관리, 교사 같은 전문가 프롤레타리아들이죠. 이 전문가 프롤레타리아는 부와 안전에 중독되어 권력이 바뀌면 자기들이 보장받은 독점적인 면허권이 흔들릴지도 모른다는 두려움 때문에 볼모로 붙들려 있는 것입니다. 그들이 제공하는 주된 서비스인 '조언'은 사사로운 이해관계로 오염되어 있습니다. 우리 모두는 그 조언 때문에 죽어가고 있고, 누구보다도 전문가 프롤레타리아 자신들이 더 빨리 죽어가고 있습니다. 말 그대로 자살하는 아이들은 그들의 아이들이지 빈민의 자녀가 아닙니다.

교과서와 표준화 교육

교과서 단원 끝마다 질문을 끼워 넣는 것은 교사가 교과서에 끼어들지 못하게 고의로 넣은 술책입니다. 아주 오랫동안 그렇게 해온 나머지 아무도 그 속에 숨어 있는 뜻을 깨닫지 못하고, 그것으로 말미암아 지적 주체성이 두고두고 얼마나 손상당할지를 알아채지 못합니다. 과학교사가 결코 참된 과학자가 아니듯이 문학교사는 교과서에 독창적인 질문을 던지는 독창적인 사상가가 아닙니다.

1926년 버트런드 러셀B. Russell은 인류 역사에서 아이들에게 비판적 사고의 도구를 의도적으로 빼앗은 첫 번째 나라가 미국이라고 무심결에 말했습니다. 하지만 사실은 프러시아가 최초이고, 미국은 두 번째죠. 교과서용으로 만들어진 《모비딕》이 옳은 질문을 다 하고 있어서 저는 그걸 집어던질 수밖에 없었습니다. 진짜 책은 그런 일을 하지 않습니다. 진짜 책들은 독자들이 스스로 질문을 던지며 적극 참여하게 합니다. 어떤 질문이 가장 올바른 질문인지 보여주는 책들은 단지 어리석은 데 그치지 않고 도와준다는 속임수 아래 지성을 해치고 있습니다. 표준화된 시험이 그렇듯이 말입니다.

학교교육을 잘 받은 사람들은 교과서들처럼 매우 비슷합니다. 선동가들은 학교교육을 받은 사람들이 무지한 사람들보다 더 통치하기 쉽다는 걸 오래 전부터 알고 있었습니다. 디트리히 본회퍼가 나치즘을 연구한 글에서도 확인하고 있듯이 말입니다.

학교교육이 아이들에게 무엇을 생각해야 할지, 어떻게 생각해야 할지, 언제 생각해야 할지를 가르쳐주는 것이 어떤 이들에게는 매우 편리합니다. 아이들이 전문가들에게 의지하도록 교육받고, 직함 뒤에 숨어 있는 사람의 실체를 보지 않고 직함을 중시하도록 교육받는 것은 어떤 집단에는 매우 쓸모가 있지만 가족이나 이웃, 지역사회의 문화나 종교를 위해서는 도움이 되지 않습니다. 하지만 학교는 어차피 그런 것들에 개의치 않습니다. 그래서 이제 우리 주변에는 가족이니 문화니 하는 것들이 없어진 것입니다.

제 생각에는 오늘날 학교 경영자들의 대다수는 어째서 돈을 아무리 들이고, 아무리 선의를 가지고 개선하려는 노력을 해도 만족스러운 인간을 배출하지 못하는지 그 까닭을 깨닫지 못하고 있다고 말하는 것이 공정할 듯합니다. 그러니까 나쁜 교수법, 나쁜 부모, 나쁜 아이들, 또는 인색한 납세자들 같이 비난할 대상을 찾으려는 유혹을 불가피하게 받는 것입니다.

학교가 본래 의도 그대로 작용하고 있으며 학교교육을 통해 만들어내려고 의도한 바로 그런 인간제품을 생산해내는 아주 잘 고안된 사회기구라고 보는 관점에서는 실패의 원인이 전혀 다른 데 있습니다. 학교를 인간의 교묘한 재간이 거둔 영광스러운 성공이라고 본다면, 우리는 우리가 정말 이런 성공을 원하는지 숙고해보아야 하고, 그렇지 않다면 그 대신 가치 있는 뭔가를 구상하지 않으면 안 됩니다. 그리고 수천 수백 가지의 올바른 방법이 아니라 단 하나의 올바른 방법을 찾아낼 수 있을 만큼 충분한 국민적 합의가 가능한지 물어봐야 합니다. 저는 그런 것이 가능하다고 생각하지 않습니다.

도서관과 학교는 어떻게 다른가

도서관은 학교와 다른 식으로 움직입니다. 도서관 사서와 학교 교사의 차이점을 생각해보십시오. 사서는 진짜 독자들을 관리하는 사람이고 교사는 교과서와 계약된 독자들을 관리하는 사람입니다. 그 차이 속에 진짜 교육과 학교교육이 어떻게 다른지를 밝혀주는 로제

타 돌이 들어 있습니다.

도서관의 분위기와 구성을 먼저 살펴봅시다. 제가 방문해본 전국의 도서관은 모두 책을 읽는 척 하는 것이 아니라 정말로 책을 읽을 수 있는 편안하고 조용한 장소였습니다. 이 정적은 얼마나 중요한 것입니까. 학교는 조용할 때가 없습니다. 도서관에는 나이에 따라 격리된 아이들이 아니라 모든 연령층의 사람들이 함께 있습니다. 어떤 이유에선지 도서관은 독자들을 나이나 독서능력이라는 수상쩍은 기준으로 나누지 않습니다. 숲과 바다의 비밀을 알아낸 사람들이 나이나 시험 점수로 격리 수용되는 일이 없는 것처럼 도서관은 보통 사람들의 판단력이면 대부분의 배움에 적합하다는 것을 직관으로 알았던 것 같습니다.

사서는 무엇을 읽어라, 어떤 순서로 읽어라 말하지 않고, 또 사람들의 독서에 점수를 매기지 않습니다. 사서들은 그들의 고객을 신뢰하는 듯 보입니다. 사서는 사람들이 자신의 질문을 하도록 허용하고 사람들이 필요로 할 때 도와주지, 도서관이 필요하다고 결정한 때에 도와주지 않습니다. 만일 한 장소에서 하루 종일 책을 읽고 싶으면 그렇게 할 수 있습니다. 도서관은 일정한 간격으로 종을 울려서 책읽기를 중단하라고 다그치지 않습니다. 도서관은 또 사람들의 집을 기웃거리고 들여다보지도 않습니다. 도서관 밖에서 시간을 어떻게 보내라고 권하거나 명령하지도 않죠.

도서관에는 성적평가제도가 없습니다. 모든 사람이 뒤섞여 있는 판에 각 개인의 성공과 실패의 내용을 담고 있는 자료가 있을 리 없습니다. 누구나 원하는 책이 있으면 볼 수 있습니다. 그 때문에 좀더 능력이 나은 독자가 잠시 뒤에 와서 그 책을 볼 수 없게 된다 하더라도 말입니다. 도서관은 우리들 가운데 누가 더 그 책을 읽을 자격이 있는지 결정하려 하지 않습니다. 도서관은 특혜를 베풀지 않습니다. 도서관은 사회계층이나 재능이 있고 없음에 상관하지 않습니다. 그러니까 도서관이야말로 미국 역사의 이상을 가장 잘 반영하고 있는 장소라고 할 수 있으며 그에 견주면 학교는 부끄러워해야 합니다.

공공도서관은 학교처럼 공공연히 창피를 주는 일을 하지 않습니다. 좋은 독자와 나쁜 독자를 가르고 등급 매겨서 모든 사람들이 볼 수 있도록 써 붙이지도 않습니다. 아마도 도서관은 훌륭한 독서는 그 자체로 보상이 되는 것이니까 상까지 덧붙일 필요가 없다고 생각하고, 훌륭한 독자를 나쁜 독자들을 위한 도덕적 자극제로 쓰고 싶은 유혹을 물리친 것 같습니다.

적어도 뉴욕시에서 도서관과 학교의 가장 주목할 만한 차이점은 도서관에서는 나쁜 행동을 하거나 총을 휘두르는 아이를 볼 수 없다는 점입니다. 나쁜 아이들도 얼마든지 도서관에 들어갈 수 있는데 말입니다. 나쁜 아이들도 도서관을 존중하는 것 같습니다. 이 흥미로운 현상은 도서관이 모든 사람들에게 차별 없이 보여주는 존경심에 대한 무의식에 따른 반응일지 모릅니다. 책을 읽기 싫어하는 사람들도 때때로 도서관을 좋아합니다. 사실 도서관은 그토록 멋진 곳이기 때문에 저는 왜 우리가 그것을 강제적인 것으로 만들지 않았는지 궁금합니다.

또 한 가지 고려해야 할 점이 있습니다. 도서관은 저의 독서습관으로 미루어 저의 장래를 예견하지 않고, 제가 대중소설을 읽지 않고 고전을 읽으면 더 행복해질 거라고 암시하지도 않습니다. 자유로운 사람들은 흔히 몹시 괴팍하다는 것을 알고 있으므로 도서관은 괴팍한 독서습관을 너그럽게 봐줍니다.

그리고 마지막으로 도서관은 학교용 교과서가 아니라 진짜 책을 가지고 있습니다. 그 책들은 교과서 같이 여러 사람의 공저가 아니며 정치적인 권위를 가진 선정위원회가 뽑은 것들도 아닙니다. 진짜 책들은 저자 개인의 커리큘럼에 따른 것이지, 독일의 어떤 집단이 짜놓은 보이지 않는 교과과정에 따른 것이 아닙니다. 아동문고들은 예외지만, 지각이 있는 아이들은 그런 것을 읽지 않으므로 아동문고의 피해는 적습니다.

진짜 책들은 집단화에 몹시 반발합니다. 진짜 책을 읽는 건 군중행동을 피하는 가장 좋은 방법입니다. 책이야말로 독자를 다른 누구도 들어올 수 없는 절대 고독의 동굴 깊숙이 데리고 가는 수단이기 때문입니다. 위대한 책은 어떤 두 사람도 똑같이 읽을 수 없습니다. 진정한 책은 통제할 수 없는 정신적 성장을 일으키기 때문에 - 그리고 그것은 감시할 수가 없기 때문에! - 전체주의적인 생각을 가진 사람들은 그런 책을 혐오합니다. 텔레비전은 집단적인 매체이고 그런 점에서 교과서보다 훨씬 우월하기 때문에 교실 속에 들어왔습니다. 마찬가지로 슬라이드, 테이프, 집단게임 따위가 대중적 학교교육의 중심목표인 집단화의 필요를 충족시킵니다. 이것이 학교들이 그토록 잘하는 그 유명한 '사회화'입니다.

학교용 교과서는 명령에 따르는 훈련, 공공의 신화, 끝없는 감시, 전 세계의 서열화, 그리고 끊임없는 위협이라는 학교의 판에 박은 일상생활을 강화하는, 종이로 만들어진 도구입니다. 그것이 각 장의 끝에 있는 질문들이 하도록 의도된 일, 곧 여러분이 계속되어 있는 현실 속으로 다시 데려오는 일입니다. 아무도, 교사들조차도 당신이 그런 질문에 대답할 것을 기대하지 않습니다. 그 질문들은 그저 그곳에 있는 것만으로 해를 끼칩니다. 그것은 천재적인 수법입니다.

교과서는 군중통제의 수단입니다. 아주 순진한 사람과 학교교육을 잘 받은 사람만이 좋은 교과서와 나쁜 교과서의 차이를 알아보지만 실은 어느 쪽이나 하는 일은 똑같습니다. 그런 점에서 교과서는 텔레비전의 프로그램 구성과 매우 비슷합니다. 마취제 같은 텔레비전의 기능, 그 자체야말로 좋은 프로그램과 나쁜 프로그램 사이의 하찮은 차이와는 비교할 수 없이 강력한 것입니다.

진정한 책은 교육을 하지만, 교과서는 훈련을 시킵니다. 따라서 도서관과 도서관의 운영방법은 학교교육의 개혁을 위한 중요한 실마리가 됩니다. 교육에서 자유로운 의지와 고독을 빼버리면 그것은 훈련이 되고 맙니다. 교육과 훈련은 양립할 수 없습니다.

4

공립학교는 과연 '공적'인가

　지금부터 얘기하려는 주제는 스스로 '공립^public'이라 부르는 학교 형태에 관한 것입니다. 공립학교는 현대 역사에서 익숙한 의무교육 기관을 말합니다.

　'공중 또는 대중^public'이란 용어는 흥미롭습니다. 그것이 언어로 만들어지고 정착된 것은 현대에 들어서면서입니다. 오늘날 이 말은 본래의 멋진 뜻과는 영 다르게 쓰이고 있습니다. 생긴 지 얼마 되지는 않았어도 그동안 정부를 운영하는 사람들은 대중을 위험물로 여겼고, 속일 수 있는 대상, 부추길 수 있는 대상, 또는 그보다 나은 방법으로 협박할 수 있는 대상으로 여겼습니다. 그러나 밝은 면도 있습니다. 그 말에는 사람들 사이의 공통된 운명, 공동의 복지 같은 중요한 뜻이 들어 있습니다. 공원이라든가 공공도서관이 바로 그 아름다운 표현의 좋은 예입니다. 이런 유쾌한 표현 속에는 잘 모르는 이웃 시민을 사랑하는 형제자매로 느끼게 하는 힘이 있습니다.

이 '공공public'이란 말에 어두운 면과 밝은 면이 공존하다 보니 쉽게 둘을 혼동합니다. 한 쪽은 추상적 인류 또는 공동체 구성원을 위한 봉사의 태도를 나타냅니다. 공원과 도서관이 차별이나 지나친 통제 없이 자산을 제공하는 것처럼 말입니다. 또 다른 쪽은 불쾌와 불신의 태도를 나타냅니다.

'공공'이란 말이 확실한 이로움, 보편적으로 좋은 것으로 받아들여지는 곳에는 늘 선택의 기회가 있습니다. 개인은 계획이나 기호에 따라 이익을 받아들이거나 외면할 수 있습니다. 하지만 이 '공공'이 자유시장체제에서 아무도 선택하거나 구매하지 않을 것을 뜻하는 경우에는 원치 않는 것을 억지로 삼키게 하는 강제가 따릅니다. 그 강제는 정통성에 대한 요란한 선전 속에서 알게 모르게 다가오는 경우도 있고, 조롱이나 칭찬, 계산된 마케팅의 익숙한 수단인 당근과 채찍을 통해 이루어지는 경우도 있습니다. 또, 세금권력과 경찰권력이 학교교육을 소비하도록 강요하는 데서 알 수 있듯이 강제가 공공연하게 이루어지기도 합니다.

'공공'의 두 가지 쓰임새는 서로 완전히 다릅니다. 도서관과 공원의 경우처럼 개인의 기호를 존중하고 사람들의 차이점을 인정하는 것을 뜻하기도 합니다. 하지만 어떤 이익을 위해 대중을 통제하는 방식에서 볼 수 있듯이 획일성과 순응을 강조하는 의미도 있습니다. 이 두 가지 의미에는 같은 점이 전혀 없습니다. 쉽게 알 수 있듯이 사람들을 통제하기 위해 만들어진 제도는 당연히 자신의 목적이 보편적인 의미에서 공적이라고 광고할 필요가 있습니다. 그리고 시간이 흐르면서 사람들도 그 말을 믿게 됩니다.

공립학교와 공교육

그 말뜻 그대로 미국에서 진실로 공적인 공립학교는 거의 없습니다. 그런 자격을 갖추려면 학교는 대중에 대한 존중과 개인 한 사람한 사람에 대한 존중을 그 절차에서부터 보여주어야 합니다. 최근학교교육에서 학부모와 학생들에게 기본 선택권을 주려는 움직임이일고 있습니다. 정부가 독점하는 학교의 옹호자들은 이런 움직임을계속 방해했습니다. 그들은 학부모들이 결정을 내리기엔 적합하지않고, 혼란만 뒤따르게 될 거라고 생각합니다. 또 대중에겐 아이들을 도울 만한 참된 동기나 충분한 지식과 기술이 없다고 판단합니다. 학교 조직이 공공의 세금을 독점하고 권위를 갖고 고객층을 끌어모으지 못한다면 우리는 암흑시대로 돌아가게 될 거라고 주장합니다.

공립학교가 참으로 공공적이라면 그 내부 기능에서부터 공공의뜻을 실현할 의지를 보여줄 수 있어야 합니다. 크게는 국가의 이상, 작게는 지역과 사회, 이웃, 가정의 이상을 실현할 의지가 있음을 보여주어야 합니다.

계급 없는 사회가 국가의 이상이라면 학교는 이 이상을 실현하여계급 없는 학교가 되어야 합니다. 계급 없는 사회는 미국 역사에서국가의 이상입니다. 지난날 교실 한 칸짜리 학교는 그 이상을 실현하려 했습니다. 대중의 의지에 따라 민주주의라는 정부 형태가 인정된다면 우리는 학교 역시 일상에서 민주주의를 훈련할 수 있기를 기대해야 합니다. 독립과 자급자족이 국가의 중요한 목표라면 공립학교는 농촌, 산촌, 어촌에서 자연환경을 돌보는 중요한 책임을 맡고, 대도시의 삶이 얼마나 불안한 생명유지 장치에 기대어 이루어지는 것인지를 학생들에게 일깨워야 합니다. 그리고 이런 활동에 힘을 보태야 합니다.

그러나 실제 우리가 모든 공립학교에서 발견할 수 있는 것은 민주주의 정신을 훼손하는 틀에 박힌 관례뿐입니다. 이 관례는 선거권자의 75퍼센트가 투표를 외면하게 하는 중요한 원인이 분명합니다. 아이들과 부모들, 지역사회의 의사를 반영한 학과목을 가르치는 공립학교, 또는 공동의 선을 위해 성실하게 노력하는 공립학교는 어디서도 찾아보기 힘듭니다. 공립학교는 보편적인 사회문제에 대한 아이들의 관심과 에너지를 빼앗고, 공적 세금에서 어마어마한 부분을 낭비합니다. 학교는 공원이나 공공도서관 같은 자원이 아니라, 사회의 혈관에 붙어 사는 기생물 같습니다.

학교에서 서른 해 넘게 일하면서 저는 공립학교라는 조직이 모두를 위한 교육이라는 공적 이상을 실현하기에는 너무도 형편없다는 것을 깨닫게 되었습니다. 공립public 학교와 공공의public 교육은 같은 것이 아닙니다. 정부의 학교교육이 공(公)교육이라고 주장할 수 있는 여지를 주는 언어적 방종에 당황하여 말문이 막힐 따름입니다.

또한 학교교육과 교육도 같은 것이 아닙니다. 학교는 교육과 거의 관련이 없는 비즈니스입니다. 그 차이를 깨달을 때까지 우리는 정부 대리인, 학교 공급자, 대학, 관련 조직, 그리고 특정 이권단체에 계속 교육을 맡겨야 합니다. 그들이야말로 우리가 처한 이 상황을 만든 장본인입니다. 이 이권단체들이 두려움, 부패, 좌절의 분위기에서 특히 번성한다는 것도 깨달아야 합니다. 수많은 아이들을 좌절시키는 이런 상황 덕택에 밥벌이를 하는 사람들은 정작 아이들이 제대로 자랄 때는 별 볼일 없게 된다는 것은 분명 큰 아이러니입니다.

'공공적'이란 말의 의미

1850년 즈음, 자유로운 비인가 학교교육을 받았던 미국의 농부들은 세계에서 유례없는 최고의 교양을 갖추고 있었습니다. 그러나 입법기관의 펜 놀림이 몇 차례 이어지면서 이 학교들이 사라지게 되었습니다. 국가의 명령이 이 학교들을 죽인 것입니다. 학교는 이때부터 강제가 되었습니다.

학교교육을 강제해야 한다는 이상한 믿음은 오랜 세월 동안 사회공학자들의 이상이었지만 아무 곳에서도 받아들여지지 않았습니다. 그러나 19세기 초반 프러시아로 알려진 독일에서 그것을 받아들였습니다. 호레이스 맨은 그가 찾고자 했던 모델을 바로 프러시아에서 발견했습니다. 청교도들은 몇 가지 강제 법규를 통과시켰지만 그 법률이 자유로운 학교를 억누르도록 집행하지는 못했습니다. 그런데 가톨릭 이민자들로 말미암은 공황 상태와 혼란 속에서 무지한 매사추

세츠 주의회가 갑자기 법률 하나를 만들었습니다. 이 결정은 대중의 투표 없이 이루어졌습니다. 투표를 치렀다면 그 결과는 참담했을 겁니다. 교육을 독점하는 학교교육의 도입에 대해 대중의 논의가 벌어진 적은 없었습니다. 다만 지역 사법부의 소수 엘리트 사이에서만 논의되었고, 이 혁명적인 법안은 쉽게 시행되었습니다.

모든 곳에서 거부되던 이 새로운 교육기관이 어떤 의미에서 '공공적'이었을까요? 민주주의 안에서는 어떤 의미로 받아들여졌을까요? 경찰력의 강제에 의해, 대중의 의지와 상관없이 만들어진 것이 어떤 의미에서 '공공적'일까요? 이것은 공립학교의 실패를 설명할 수 있는 중요한 근본을 건드리는 질문입니다. 저의 이런 생각에 독자들이 동의한다면 좋겠습니다.

솔직히 말해서 그런 제도의 산물은 매우 이상한 의미에서 분명히 '공공적'입니다. 비슷한 뜻으로 저는 이 도시의 오염된 공기가 공공적이라고 생각합니다. 공기를 오염시킨 책임은 소수에게 있다고 하더라도 모든 시민들이 그 공기를 마셔야 하니 말입니다. 어떤 이들은 학교가 무료이기 때문에 공공적이라고 합니다. 하지만 그것은 뭘 모르고 하는 소리입니다. 현실을 따져보면 무료 공립학교에 드는 비용은 사립학교나 교회 부속학교에 드는 비용의 두 배가 훨씬 넘고, 홈스쿨링에 비하면 열두 배쯤 더 듭니다.

그렇다면 공립학교는 가르치는 일에서 공공적인 방식을 택하기 때문에 '공립'이라 불릴까요? 하지만 도시나 교외에 있는 공립학교를 한 군데라도 찾아가보면 그 생각은 금세 사라지고 말 겁니다. 모든 학교에서 볼 수 있는 반편성제도는 어떻습니까. 그 때문에 아이들은 학급으로 갈라지고, 다시 '능력별' 반편성에 따라 카스트로 구분됩니다. 브루킹스연구소의 연구 결과에 따르면, 사립학교나 교회 부속학교가 공립학교보다 훨씬 통합적이라고 합니다.

도대체 무슨 일이 벌어지고 있는 걸까요? 1992년 1월 1일부터 3월 말까지 뉴욕시 공립학교 아이들 29명이 총에 맞았습니다. 3월 이후의 숫자는 세지 않았을 뿐이죠. 여기서 사립학교나 교구학교 학생, 또는 홈스쿨 아이는 한 명도 없었습니다. 학교에서 죽을 권리가 학교의 공공성을 뜻하지 않는다는 건 분명합니다.

학교가 어떤 의미에서도 공적인 게 사실이라면, 대중들은 분명 학교를 만족스러워했을 것입니다. 그렇다면 사람들이 학교교육이 올바르고 만족스러우며 의미 있는 일이라고 명백하게 합의한 흔적을 역사 속에서 찾아낼 수 있어야 할 것입니다. 반대로 시간이 흐를수록 사람들이 학교를 불만스러워한다면, 오웰의 전제국가 언어인 신어 newspeak(조지 오웰의 소설 《1984년》에 나오는 국가의 공식 언어. 애매한 표현으로 여론을 조작하려는 목적을 지닌다. _옮긴이)로 표현할 때만 그런 학교에 공공성이 있다고 할 수 있을 것입니다.

우리의 결론은 사람들이 서로 다른 것들을 바라고 요구한다는 것입니다. 더 나아가 우리가 자유로운 사회에 산다면 개인의 발전을 위해 무엇이 가장 좋은가를 판단할 사람은 언제나 그 개인 자신이라는 것입니다. 우리가 이렇게 결론짓는다면 자율적이고 독점적이지 않은 많은 다양한 학교교육이 진실로 공적인 교육임을 금세 알 수 있습니다. 독점적인 정부가 교육세를 몽땅 차지하는 일이 중지되고, 공정하고 합리적인 분배가 시작된다면 형태를 불문하고 거의 모든 학교가 자유로워질 겁니다.

우리는 반대로 가고 있습니다. 아이들과 그 부모들에게 복종하라고 명령하는 학교들만을 공립학교라 부를 수는 없습니다. 공적이지 않으면서도 교육을 독점하는 강제적인 학교기관을 '공립'이라 부르는 것은 교묘한 말장난입니다. 그것은 전쟁은 평화다, 위는 아래다, 까만 것은 하얗다고 말하는 것과 같습니다.

자기를 안다는 것

정부가 대중들의 사고방식을 통제하면서 동시에 공동선을 위해 일할 수 있다는 생각은 애초부터 그릇된 믿음입니다. 정부가 사람들이 생각하는 방식을 통제할 수 있고, 사람들이 무엇을 생각할지를 지배할 수 있고, 나아가 사람들이 내리는 결론을 조작할 수 있다는 사실에 이의를 제기할 수 있는 이는 아무도 없습니다. 어떻게 그런 일이 벌어지는지를 알려면 정부가 어떻게 전쟁을 일으키는지, 또는 텔레비전이 어떻게 정치 이미지를 조작하는지 살펴보기만 하면 됩니다. 한편 나이 든 사람들이 아이들의 지성과 인격과 영혼에 놀랄 만큼 큰 도움을 준다는 사실 또한 명백합니다. 그러나 두 가지가 동시에 실현될 수는 없습니다. 둘은 영원한 변증법적 대립물이고, 극과 극입니다. 중앙의 통제와 개인의 권력이란 두 목표는 서로 적대하는 운동에서 무시할 수 없는 세력이고, 그 둘이 한 사람에게서 공존하려면 심리적 분열이 일어날 수밖에 없습니다.

타인의 이성을 지배하여 자신이 원하는 대로 반사적으로 반응하게 만드는 것이 바로 학교교육이 하고 있는 일입니다. 그것은 인간이 기계라는 믿음, 이론으로 표현하면 운명이 이미 결정되어 있다는 검증되지 않은 믿음에서부터 생겨났습니다. 그러나 교육이란 아주 다른 것, '살아 있는' 것입니다. 그것은 사람에 따라 다르고, 그 사람에게 유일하며, 생동감이 있습니다. 교육은 우리 모두에게 지문처럼 고유한 것이 있어 언젠가 그것이 펼쳐질 날을 기다리며 숨어 있다는 믿음에서 출발합니다. 교육은 자연세계에서 비롯된 개념이고, 학교교육은 기계의 세계에서 비롯된 개념입니다. 기계의 세계와 달리 진짜 교육은 위험을 무릅쓰는 모험과 도전, 다양성, 놀라움 속에서 기쁨을 얻습니다.

'먼저, 그대 자신을 알라.' 이 지침은 모든 교육제도의 필수 조건이자 반드시 거쳐야 할 출발점입니다. 이를 이루기 위해서는 몇 해에 걸쳐 고독한 노력을 기울여야 하고, 아이들에게는 의미 있는 사적인 시간이 필요합니다. 자기 자신을 안다는 것은 누구나 짊어져야 할 중요한 책임입니다. 이 과정이 너무 오래 늦춰지면 평생 엄청난 어려움이 뒤따릅니다. 자기 자신을 알기 위해 아이들이 수행해야 할 과제에 간섭하는 것은 오래 전부터 프롤레타리아 계급을 만들어내는 방법으로 인식되었습니다. 프롤레타리아 계급은 이성이나 성실함, 지향이나 목적이 없는 값싼 노동력이자, 노예근성이 있어 환경이 허락하는 대로 이끌어 가거나 협박할 수 있는 계급으로 여겨졌습니다.

강제적인 독점 학교교육제도는 자기 자신을 알 수 있는 가능성을 오랜 시간에 걸쳐 훼손합니다. 아이들이 자신을 알기 위해 치러야 하는 시험은 행동하고 고요한 반성의 시간을 통과해야 하는 시험이며, 고통스런 도전과 마주해야만 합격할 수 있는 시험입니다. 종이와 연필로 치르는 시험은 개성을 마비시키고 이성을 타락시킵니다. 지필시험은 노예계급을 만들어 내는 좋은 수단이며, 막 싹트려고 하는 독립성을 파괴합니다. 진정한 의미의 교육은 자유의지에 담겨져 있습니다. 종교냐 아니냐의 논쟁을 아무리 피하려 한들, 우리가 나라 전체를 학교로 설계하려 한다면 학교는 종교가 되어 버립니다. 다만 그렇게 말하지 않을 뿐이죠. 우리는 대중의 신화를 통제하려고 하고 있습니다. 플라톤이 간파했듯이 통제가 없다면 지배자들에게는 피지배자들을 조종할 방법이 전혀 없습니다.

학교교육의 황금기

정부가 독점하는 학교가 효과가 없다는 것은 처음부터 알려진 사실이었다고 이미 밝혔습니다. '효과'라는 것이 널리 쓸모가 있다는 것을 의미한다면 말입니다. 저는 이제 이 말을 입증하려고 합니다. 우리는 역사의 목소리에 잠시 귀 기울이기만 하면 됩니다. 완벽한 근거를 소개할 시간은 없지만 학교교육에 대한 공적인 기록을 짧게나마 소개하겠습니다. 전에 이런 말을 듣지 못했던 것이 이상하리만치 깜짝 놀랄 만한 이야기입니다.

미국 역사 초창기 200년 동안 학교교육은 값이 싸고 자율적이었음을 기억해보십시오. 19세기 프랑스 정치가이자 역사가인 토크빌 de Tocqueville이 미국에 와서 대부분의 사람들이 읽고 쓸 줄 아는 데 놀랐다는 말과 미국의 놀라운 성취를 미루어보면 당시 학교교육은 큰 성공이었습니다. 모든 학교는 좋은 것으로 여겨졌지만, 꼭 있어야 하는 것으로는 여겨지지 않았습니다. 당시 사람들은 읽기, 쓰기, 산수를 배우는 것을 무척 쉽게 생각했습니다. 혼자서도 배울 수 있고, 가난한 이들도 조금만 공부하면 배울 수 있었습니다. 별로 힘들이지 않고도 잘 할 수 있었죠. 거의 모든 사람들은 아이들이 자라서 똑똑하고 명석하고 도덕적이고 유능하고 성공한 사람이 되리라고 믿었습니다. 학교교육을 많이 받지 않아도 박식하고 통찰력 있는 사람이 될 수 있었습니다. 당시에는 한 해 내내 교실 의자에 앉아서 배운다는 것을 상상도 못했을 겁니다.

의무교육이라는 새로운 제도가 19세기 후반기에 생겨나는 걸 보면서 위인들이 무슨 생각을 했는지 궁금하지 않습니까? 첫 번째 졸업자 군단이 세상에서 자리잡는 걸 보면서 위인들은 무슨 생각을 했을까요? 영국의 위대한 철학자이자 진화론을 널리 알린 허버트 스펜서 H. Spencer는 1860년대 초반에 《교육 Education》이라는 주목할 만한 책에서 공립학교 교육이 실패할 게 뻔한 어리석은 시도라고 일갈했습니다. 학교교육이 아이들에게서 생생한 경험과 책임감을 박탈하기 때문이라고 말했지요. 그것도 아이들의 자연스런 발달단계에서 경험과 책임감이 필요한 바로 그 시기에 말입니다. 그는 경험과 책임감은 나중에 벌충될 수 없다고 했습니다. 1867년 유명한 미국 의사 빈센트 유먼스V. Youmans는 런던교사협회를 상대로 새로운 제도가 정신이상자를 양산한다고 주장하면서 이렇게 말했습니다.

"학교교육은 정신도착자와 완전한 바보를 만든다. 신체질환도 생겨난다. 자라나는 뇌를 손상시키는 교육방법들이 영향을 끼치기 때문이다. 학교수업이 가르치는 것이 따분함, 멍청함, 부도덕함이라는 건 의심의 여지가 없다."

1880년 유명한 책《파크먼의 일기Parkman's Journal》저자는 "학교는 우리 스스로 축하할 만한 아무런 열매도 맺지 못했다"고 주장했습니다. 이렇게 보니 1860년부터 1880년까지 역사 기록에서 정부독점 학교교육의 황금기가 존재했다는 증거는 전혀 없습니다. 황금기가 있었다면 그 뒤에나 있었겠군요. 1885년에 컬럼비아 대학 총장은 다음과 같이 말했습니다.

"현재 미국의 교육제도에서 얻어진 결과는 그다지 신뢰할 만하지도 유망하지도 않다."

1895년에 하버드 대학 총장은 이렇게 말했습니다.

"아이들을 책 속에 가둬놓고 실제 사물에 대한 관심을 빼앗아 버리는 보통의 학교교육은 오감을 쓸모없는 것으로 만들고 아이들을 어리석게 만든다. 총명한 아이는 학교교육이 강요하는 허깨비를 따를 리 없다."

총장들이 이런 말을 할 때 독점 학교교육은 새 제도로 정착된 지

50년째를 바라보고 있었습니다. 하지만 그때까지도 황금기가 오고 있다는 징후는 보이지 않았습니다. 학교는 당시에는 흔하지 않은 말인 '어리석음'을 낳고 있었습니다. 그리고 35년을 훌쩍 뛰어넘어 1930년에 오면 중요한 자료가 눈에 띕니다. 하버드 대학의 연간 간행물 〈잉글리스 렉처Inglis Lecture〉입니다. 그 중심 내용은 이렇습니다.

"보편적인 학교교육이 시작된 지 80년이 흘렀지만 우리는 그 어마어마한 투자의 결과물로 내놓을 것이 전혀 없다."

당시 캠브리지(하버드 대학이 있는 도시 _옮긴이)에서는 공립 학교교육의 황금기를 꿈꿀 수 없었습니다. 황금기가 존재한다면 1930년 뒤여야 합니다. 그 전에는 없었던 것이 분명합니다. 우리 시대에 들어와서 존 가드J. Gardner는 1960년 〈카네기재단 연례 보고서〉에서 이렇게 말했습니다.

"특별한 이유 없이 공식적 학교교육을 과장되게 강조해왔다. …… 건설적 대안을 찾지 못해 우리는 더욱더 깊은 부조리에 빠져 들고 있다. 너무나 많은 어린 학생들이 자신이 부적응자라고 믿고 있으며 이 믿음 말고는 아무것도 얻지 못하고 있다."

공립 학교교육의 황금기를 찾아야만 정부가 아이들이 생각하는 방식을 독점하는 걸 합리화할 수 있겠지요. 아이들의 성장 방식과 아이들에게 존재의 목적을 가르쳐주는 일을 정부가 독점하는 것 말입니다. 그런데 그 황금기는 1960년에서 1992년 사이에서 찾아야 할 것 같습니다. 그 사이에서도 황금기를 찾지 못한다면 결국 학교교육 142년 역사에서 황금기를 찾지 못한 것입니다. 그럼 "이제 그만!"

이라고 말해도 되지 않을까요?

하지만 그 사이에 황금기가 있긴 있었습니다. 사람들이 기대하는 그런 황금기는 아니었지만 말입니다. 인플레이션을 감안한 화폐가치로 따졌을 때 우리는 1930년보다 1992년에 무려 네 배나 되는 교육비를 소비하고 있습니다. 교사와 학교 공급자와 지역 정치인들에게는 유례없는 황금기인 셈입니다. 금빛 강물이 강둑을 넘쳐 흐릅니다. 정부 컨테이너에 갇힌 4천만 아이들이 버티는 힘에 기대어 몇 백만 명의 어른들이 훌륭하게 생계를 꾸려가고 있습니다. 몇 만 명의 공급자들도 이런 방식으로 부자가 되고 있습니다. 아이들에게 어떤 일이 벌어지고 있는가는 문제가 안 됩니다. 이것은 가장 좋은 비즈니스입니다. 독점적이고, 수익이 확실하고, 큰 노력이 들지 않고, 해가 바뀌어도 국가권력이 보장해줍니다. 권리장전과 독립혁명의 나라 어디에서 그런 제도의 계약이 성립될까요?

공교육의 실상

지금 학교를 다니는 일은 우리 아이들의 직업이 되었습니다. 아이들은 이른 나이에 정부의 연금수령자가 된 것입니다. 그러나 아이들의 일은 참된 일거리가 아니라 하나마나한 일입니다. 공립학교에서 아이들에게 묻는 질문 가운데 참된 질문은 하나도 없습니다. 거기서는 중요하게 할 일이 하나도 없습니다. 국가가 요구하는 유일한 행동은 정부가 억지로 만들어낸 모든 종류의 일에 요구되는 것, 바로 출석입니다. 아이들은 수업시간 내내 자리를 지키고 있다가 종이 울리면 이 사람에게서 저 사람에게로 넘겨집니다. 참으로 이상한 성장 방식이 아이들에게 주어졌습니다.

아이들은 학교에서 절망의 시간을 선고받고, 있지도 않은 일을 하는 체 하고 있습니다. 하루가 끝나면 아이들은 공격성을 잔뜩 품은 채, 그 일을 집으로 가져갑니다. 학교에서 아이들은 슬퍼하고 절망합니다. 아이들은 자신들이 죽어가고 있다는 사실을 알 뿐, 사형 집행이 어떻게 이루어지고 있는지는 알지 못합니다. 아이들은 프롤레타리아트로 만들어지는 과정에 있습니다. 사랑도 없고, 독창성도 없고, 자기 집안이나 역사에 대해 아는 것이 없고, 꾸준한 성실함도 없는 사람으로 길러지는 것입니다. 곧 중독되어버릴 정부연금을 받으며 아이들의 영혼은 산산조각 납니다. 진짜 일거리가 주어질 때도 대부분의 아이들은 이미 정해진 의미 없는 바쁜 일과로 돌아가 헛되이 시간을 보냅니다. 공립학교 아이들이 자신의 삶에서 의미 있는 길을 찾을 수 있도록 도와주려는 이들도 있지만, 상처받은 아이들은 그들에게 적대감을 드러내며 내버려두라고 합니다. "그냥 할 일만 말해주세요." 하고 내뱉듯이 말합니다.

어떤 전문가들이 제안하는 것처럼 수업시간이 새벽부터 저녁까지로 늘어난다면 아이들은 일터를 떠나는 것이 금지된 노동자 신세가 될 것입니다. 학교는 붙들고 있는 아이들 대부분을 소모하고 있을 뿐입니다. 교사도 이에 포함됩니다. 새로운 세계 질서에서 자유롭게 남아 있는 것은 분명 아무것도 없습니다. 이제는 아이들이 농사일을 거들지 않으므로 여름방학이 줄거나 없어져야 한다는 주장은 그럴듯해 보입니다. 그러나 그 주장은 아이들이 햇볕 아래에서 맘껏 뛰어놀아야 한다는 생각을 무시한 것입니다. 그들과 마찬가지로 아이들에게도 어린 시절은 딱 한 번뿐입니다. 그 시절이 있어야 아이들은 자유의지를 지니고 대리인이 아닌 행위자로 성장할 수 있습니다. 이 문제에서 우리가 무엇을 지지하느냐는 읽기나 산수와는 아무런 관련이 없습니다. 그것은 인생의 의미가 무엇인지를 알아내는 일과 관련 있습니다. 그것은 근본에서 종교적인 질문입니다.

학교 커리큘럼은 나쁜 경제와 비슷합니다. 우리 화폐경제가 걸어온 길과 비슷하게 학교는 기초 산업을 돌아보지 않습니다. 그 대신 마술 같은 속임수와 사람들을 겁먹게 하는 환상으로 저항을 억누르려 합니다. 아이들이 학교교육에 별 매력을 느끼지 못하기 때문에 학교는 가벼운 소재들을 다뤄야 합니다. 이 때문에 가장 영리한 아이들조차 더 이상 책을 잘 읽지 못하는 것입니다. 사서협회에 따르면 학교를 졸업한 아이 열 명 가운데 한 명 만이 한 해에 한 권 넘게 책을 읽는다고 합니다. 별표, 상금, 트로피 같은 한심한 것들로(이들 중에 참된 것과 관련 있는 것은 아무것도 없습니다) 인플레이션을 일으키는 대중적 학교교육이라는 경제에서 지각 있는 아이들은 흥미를 잃고, 자신에게 이롭도록 지혜롭게 판단할 수 없게 됩니다. 정신병원에서 행복하려면 하루가 끝날 때까지 별 일이 없어야 하니까요. 하지만 참된 배움이란 언제나 그 자체가 행복이기 때문에 상이나 벌 따위가 따로 필요 없는 법입니다.

3학년이 지나면 거의 모든 아이들은 학교에 여러 가지 부정직이 난무한다는 걸 알아챕니다. 이런 아이들에게 허깨비 같은 커리큘럼을 강요할 방법은 불쾌한 종소리와 큰 소리로 명령하기, 시험과 바쁜 일정, 혼란과 위협뿐입니다. 학교는 다양한 방법을 쓰지만 아이들은 굴복하지 않습니다. 그럼 국가는 수업시간이 소중한 것임을 인정하라고 요구하거나 또는 그 사실을 무조건 받아들일 책임이 우리에게 있다고 합니다. 학교가 의례적인 성실과 출석 의무를 강요하지 않는다면 월급을 받아야 하는 교사들만 빼고 아이들은 모두 학교를 떠날 것입니다.

이걸 모르는 사람이 학교에 있을까요? 학교는 언제나 위기의 경기장입니다. 아이들이 미래를 준비하지 못하게 하고, 가족이 서로 힘을 모아 안식처를 꾸리고 그 일의 가치를 깨닫는 것을 막기 때문입니다. 학교는 아이들을 의미 있는 참된 경제에 다가가지 못하게 합니다. 따라서 아이들은 성장하지 못하고, 스티커나 성적, 그 밖에 가치 없는 보상이 주어지는 공허한 공상의 경제 속에 살게 됩니다. 교사로 살아 남기 위해서는 비윤리적인 일들을 해야 합니다. 교사는 아이들을 인간과 자연세계로부터 되도록 오랫동안 떨어뜨려놓아야 합니다. 교사는 공부를 수업시간과 교과학습과 연관시킵니다. 인생공부가 그런 것들과 이렇다 할 연관이 없다는 걸 알면서도 말입니다.

● ● ●

지금까지 공공적이라는 학교교육과 세상을 오염시키는 이상한 아이들을 길러내는 과정의 정신병리학에 대해 이야기했습니다. 이제는 정부가 세금을 학교에 독점적으로 쓰지 못하도록 하는 방법을 함께 찾아볼 때입니다. 부자든 가난하든 모든 납세자와 모든 가정에 그들의 자유의지에 따른 선택권을 주는 방법을 생각해볼 수도 있습니다. 가톨릭 이민자들에 대한 걱정 때문에 아이들의 삶이 사회공학자들의 손에 넘겨지기 전인 미국 역사 초기 200년 동안 있었던 학교교육의 시장 형태를 떠올려보십시오.

우리 아이들이 생각하는 방식을 어떻게 배울 것인가는 매우 중요한 문제입니다. 이런 중요한 문제들을 자유의지로 선택할 수 없다면 우리는 한낱 기계로 전락해버립니다. 우리는 음흉한 엘리트들이 프로그래밍한 대로 작동하며, 그들은 스위치를 켰다 껐다 할 것입니다. 그들은 언제나 '대중'이라는 이들을 통제하려 했습니다.

저는 오랜 세월 정부독점 학교교육의 대리인으로 일했다는 것이 부끄럽고 화가 납니다. 제가 어루만진 모든 생명을 아프게 한 일입니다. 저는 우리가 불과 3세대 전에 동의한 권리장전 규약에서 후퇴한 것을 시민의 한 사람으로 부끄럽게 여깁니다. 그리고 많은 이들이 더 나은 길을 상상하지 못한다는 것이 부끄럽습니다. 아이들이 가족을 알고, 세상과 섞이고, 참된 책임을 떠맡고, 독립적이고 스스로를 의지하며 자유로운 사람으로 자라나도록 내버려두지 않고, 하루 종일 교실 안에 가둬놓아야 하는 것이 부끄럽습니다.

저는 지금까지 정부의 계획이 결코 공공적이지 않은데도 그것을 공적인 계획으로 받아들인 결과에 대해 말했습니다. 지금까지 한 이야기는 이 비극에 한몫 했던 교사의 고백이며 오랜 경험을 바탕으로 입증할 수 있는 이야기들입니다. 이제는 다른 사람의 이야기를 들려드리고자 합니다.

제가 뉴욕주 올해의 교사상을 받은 해에 미국 모든 주와 해외의 일곱 나라에서 1,800명이나 되는 사람들이 편지를 보내왔습니다. 이 편지들에서 가장 놀라운 것은 그들 모두 똑같은 얘기를 하고 있다는 것이었습니다. 그들은 모두 다른 사람이 쓴 소설의 등장인물이 되어야 한다는 것에 분명히 반대하고 있었습니다. 이들의 말에 귀 기울여 봅시다. 이 사람들은 모두 어딘가에서 자기 이름을 갖고 살고 있는 실제 인물들입니다.

- 새크라멘토: 여섯 살 때가 기억나요. 학교 시계를 보며 생각했지요. '정말 끔찍해. 이렇게 12년을 더 보내야 한다니.'
- 토론토: 아내가 일을 그만두었습니다. 우리가 이해할 수 없고 변화시킬 수 없는 학교제도에 우리 아이들이 들어가면 아이들과 멀어질 것 같아 걱정스러웠습니다. 똑바로 줄 맞춰 앉아서 쓸모없는 내용을 외웠던 내 어린 시절과 거의 달라진 게 없습니다.
- 터코마: 우리 딸아이는 여덟 살인데, 늘 행복하고 열의가 있고 스스로 깨우치는 게 많답니다. 저는 아이가 지금 모습 그대로 자라길 바랍니다. 아이는 네 살 때 혼자 읽기를 깨우치더니 눈에 띄는 건 다 읽었죠. 저는 늘 학교가 올바르지 않다고 생각했고 정말 맘에 들지 않았어요.
- 리노: 아내와 저는 4년 전에 학교와 연결된 끈을 놓았습니다. 행복하기

만 했던 아이가 늘 눈물을 흘리니 더는 견딜 수 없었습니다.

● 산타바바라: 여덟 살짜리 딸애를 학교에서 빼냈어요. 아이가 조금씩 말수가 적어지고 무서워하는 거예요. 스쿨버스 시간을 놓치지 않을까 하는 걱정에서부터 숙제를 잘 못했다고 야단맞지 않을까 눈에 띄게 무서워하는 것까지, 아이는 제가 보기에 날마다 더 나빠졌어요. 하지만 결정적으로 끝장을 보게 된 것은 학교에 다니는 아이들의 문화가 아이의 행동에 심각한 영향을 미치기 때문이었어요. '파리대왕'이 재현되었다고 할까요. 이제 아이는 웃음을 되찾았어요. 저는 다시 웃는 딸애를 되찾았습니다.

● 피츠버그: 학교는 우리 식구를 서로 갈라놓음으로써 우리 가족을 파괴하기 시작했습니다. 학교는 아이들을, 계급을, 나이를, 인종을, 그리고 부모와 아이를 갈라놓았습니다. 2학년짜리 딸애를 학교에서 데려온 뒤로 아이는 피어나기 시작했습니다. 이제 아이는 자기 시간을 사랑합니다. 시간이 축복 같다나요.

● 멤피스: 저는 학교에서 배운 대로 따라하는 아이였습니다. 저는 국가장학생이었죠. 하지만 대학 2년 동안 공부가 너무 어려웠어요. 그동안 권위적인 교육을 받은 탓에 제 스스로 할 줄 아는 게 전혀 없었으니까요.

● 캔자스시티: 개토 선생님, 학교교육의 결과로 우리 아이들에게 생기는 병들을 선생님이 알려주셨죠. 그게 바로 제 딸의 얘기였어요. 제 얘기이기도 했고요. 그 얘기를 인정하고 받아들이는 건 참을 수 없을 만큼 고통스러웠답니다.

● 매사추세츠: 저는 무엇을 이루었다는 자격증도 없고, 내세울 것도 없고, 학력은 대학이나 대학원을 가보지도 못한 고등학교 졸업자입니다. 물

론 공부를 더 하고 싶은 바람은 있었죠. 하지만 딸 셋을 키우면서 경험을 얻습니다. 어떤 경험인지 소개해볼까요. 저는 딸애를 유치원에서 데리고 나왔습니다. 막내딸이 유치원 다닌 지 겨우 5주가 지난 때였죠. 그 짧은 시간 동안 천진난만하고 자기 뜻이 분명한 이 아이가 스트레스를 받는 것이 뚜렷이 보였습니다. 문득 십대가 된 두 딸아이의 분노 섞인 반항이 떠오르더군요. 저는 결론을 내리고 막내를 데리고 나왔습니다. 그래서 아이는 자유로운 아이로 길러졌습니다. 그 뒤로 아이는 분노를 드러내거나 반항하지 않았습니다. 그게 17년 전 일입니다.

자유의지와 신뢰에 기초한 교육

학교는 우리에게 거짓말쟁이의 세상을 선사합니다. 어떤 학년에서도, 심지어 1학년 아이들에게도 학교 관계자들은 그들이 무슨 일을 하고 있는지 진실을 밝히지 않습니다. 아니, 공정하게 말하자면 그들 대부분이 진실이 무엇인지 모릅니다. 학교교육은 가능한 한 잘 되어야 하는 일일 뿐, 의문을 제기해서는 안 되는 것입니다. 그저 그 일을 할 뿐이죠. 공립학교에 근무하면서 저는 "잘 가고 있는 배를 흔들지 말게"라는 얘기를 수도 없이 들었습니다. 그러나 배는 거짓이라는 엄청난 짐을 감당하지 못해 가라앉고 있었습니다. 어쩌면 오히려 배를 흔들어야 배를 가라앉게 하는 짐이 떨어져 나올지도 모를 일입니다.

의무 학교교육의 철학 기반은 이 세상이 도덕적인 우주라는 것을 불신하는 데 있습니다. 그 철학 기반은 우리가 서로 먹고 먹히는 세상에 살며, 그런 세상에서 피조물들은 한정된 자원을 놓고 경쟁하며 통제될 필요가 있다는 것입니다. 학교 이론가들은 자유의지를 믿지 않습니다. 그들은 사람들이 하나의 메커니즘이라고 믿으며, 아이들에 대한 중앙통제가 사라지는 순간 재앙이 뒤따른다고 믿습니다. 해로운 학교교육 구조는 이런 사상 기반에서 자연스럽게 비롯된 것입니다.

자유의지와 도덕적 우주를 믿는 이가 설계하는 학교교육은 독립, 공감, 자유로운 선택을 추구하도록 도울 것입니다. 가정이야말로 삶의 밑바탕이 되는 제도라고 믿는 이가 설계하는 학교교육은 가족의 유대를 강화하는 목표를 세울 것입니다. 그러나 사람은 불완전한 기계이고, 시간이 맞지 않는 시계처럼 태엽을 감아줘야 한다고 믿는 이가 설계하는 학교는 관습을 이식하고, 집단행동을 통제하고, 진짜 가족을 대체하기 위해 가짜 가족집단을 만드는 곳이 됩니다. 그럴 때 학교는 스스로를 믿지 못하는, 또는 권위자의 말밖에는 믿지 못하는 사람들을 가르치는 곳이 됩니다.

20세기 미국의 공립학교는 강제적인 행동 교정소일 뿐 배움에는 거의 관심이 없습니다. 이는 그 본래 기능에 위배되는 것입니다. 청교도 집단 같은 귀족들이 대중들은 믿을 수가 없고 위험하다고 오래도록 믿어왔기 때문에 이런 결과가 생겨났습니다. 청교도 엘리트들은 원래 그들의 기원인 바이킹처럼, 넓은 의미의 떠돌이와 마찬가지였습니다. 이들은 비틀린 생각에 사로잡혀 있었습니다. 떠돌아다니면서 만나는 낯선 이들을 지배한다는 생각에 사로잡히고, 인디언들을 죽이고 아프리카 사람들을 노예로 삼는다는 생각에 사로잡히고, 스페인 사람들과 프랑스 사람들을 내몰고, 퀘이커 교도를 교수형에 처하고, 마녀를 사냥해야 한다는 생각에 사로잡혀 있었습니다. 그래서 이 죄 많고 비틀린 사람들은 두려움, 의혹, 불신을 가르치는 종교를 만들어냈습니다. 지옥의 망령들은 갱생시켜서는 안 되고, 가두어 놓고 감시해야 한다는 것을 가르치는 그런 종교였습니다.

미국의 학교제도가 이 청교도 토양에 뿌리를 두고 있다는 것은 우연이 아닙니다. 오늘날의 학교는 다른 어떤 토양에서도 만들어질 수 없었을 테니 말입니다. 유치원의 밑바탕은 불신입니다. 학교의 중심 원리는 아이들은 배울 수 없고 오로지 교육받아야 할 뿐이라는 생각입니다. 또 쓸모없는 상, 쓸모없는 칭찬, 오래 전부터 이용되어온, 온갖 굴욕을 주는 방법들로 아이들을 자극하여 의무를 받아들이도록 해야 한다는 생각도 학교의 원리입니다. 예방조치와 행동교정 기법이 불신을 바탕에 두고 자라납니다. 가족, 문화, 공동체가 아니라 국가가 아이들을 변형시켜야 한다는 믿음에서 말입니다.

그렇게 해서 우리는 지금 같은 학교를 갖게 되었습니다. 아이들에게 막대한 영향을 끼치는 수많은 교묘한 수단들로 말미암아 부모가 아이들에게서 멀어질 수밖에 없는 학교를 말입니다.

우리는 추상적 지식으로 만든 가짜 도구들을 이용하여 아이들이 길을 잃게 했습니다. 그리고 수많은 가짜 가족 네트워크가 길 잃은 아이들에게 손짓합니다. 의혹과 질투의 세계관에서부터 우리는 현재의 학교조직을 갖게 되었습니다. 그 조직의 전체 업무 가운데 약

22퍼센트가 이런저런 감독 업무입니다. 하나씩 열거하자면 감독, 훈계, 순위 매기기, 벌주기 따위입니다. 학교개혁을 생각하면 우리는 지도에 나와 있지 않은 땅을 찾아가는 느낌이 듭니다. 우리 자신이 대중적 학교교육을 받은 고아이자 홈리스이기 때문입니다.

이 모든 것에 도전해야 할 때입니다. 아이들의 성장을 위한 제도들이 경쟁해야 하고 우리는 선택해야 합니다. 아이들의 삶뿐 아니라 우리 자신의 삶에 합리성을 회복하기 위해서입니다. 유일하게 올바른 방식은 강제적인 독점 학교교육제도에 마침표를 찍는 것입니다. 오늘날 이 제도를 고칠 방법은 없습니다. 설령 있다고 해도 제 정신을 가진 사람이라면 누가 고치려 들겠습니까?

5

학교에 대한 아홉 가지 억측과
스물한 가지 진실

몇 가지 데이터를 이야기하면서 글을 시작하려 합니다. 여러분이 이미 알고 있는 얘기라면 당황스러울지도 모르겠습니다. 이 단순한 사실은 모두 근거가 뚜렷해서, 그 사실 자체만으로 학교교육을 되돌아보게 하는 것입니다. 이를 통해 유치원에서부터 대학에 이르는 학교교육이라는 위태로운 구조물과 일자리 시장의 의문스런 관계를 되짚어볼 수 있을 것입니다. 이 데이터가 의미하는 바는 매우 급진적이어서, 저는 가장 보수 사회로 알려진 스위스 산악지대를 근거로 이야기를 시작하려고 합니다.

학교교육을 적게 하는 유럽 국가들

스위스는 잘 알려진 것처럼 돈을 가장 안전하게 보관하려는 이들이 돈을 맡기는 나라입니다. 스위스 사람들은 우리와 마찬가지로 교육이 성공의 열쇠라고 믿습니다. 하지만 우리와 비슷한 점은 이뿐입니다. 1990년 미국 고등학교 졸업생의 60퍼센트 정도가 대학에 입학했는데, 스위스에서는 22퍼센트만이 대학에 진학했습니다. 미국에서는 거의 모든 아이들이 고등학교나 이에 버금가는 사설기관에 다니지만 스위스에서는 5분의 1 조금 넘는 아이들만 고등학교에 진학합니다. 그렇지만 스위스는 여전히 세계 최고의 일인당 소득을 자랑하며, 예나 지금이나 거의 모두 고등교육을 받는다고 주장하고 있습니다.

도대체 무슨 일이 벌어지고 있는 걸까요? 세계 최고의 일인당 소득은 바로 수준 높은 경제에서 비롯된 것입니다. 스위스 사람들의 소득 수준은 학교교육을 적게 받은 사람이나 많이 받은 사람이나 비슷하게 높고, 일본이나 독일, 미국보다 높은 수준입니다. 스위스에서는 대학에 가지 않을 학생은 고등학교에도 가지 않습니다. 청소년 가운데 4분의 3이 고등학교 진학 전에 도제살이*를 합니다. 스위스는 학교교육과 교육을 같은 의미로 쓰는 실수를 저지르지 않는 것 같습니다.

----

* 도제살이: 유럽 도시에서 있었던 '길드guild'라는 동직조합 안에는 도장인, 장인, 도제라는 세 계층이 있었다. 이 중 도제는 수공업 기술자 양성제도로, 2~8년 동안 정해진 교육기간에 따라 도장인 집에서 생활하면서 기술을 연수받는 제도였다. 도제를 하는 나이는 열 살에서 열여섯 살이며, 도제살이를 마치면 다시 3년 정도 장인과정을 거쳐야 했다. 이 도제제도는 교육자인 도장인과 도제가 서로 인격을 존중하는 관계였고, 기술교육과 인간교육이 함께 이루어졌으며, 장래의 지위를 보장하는 교육을 했다는 특징을 가지고 있다.

혹시 도제살이가 교실에 갇힌 공부의 대안으로 그다지 신선한 생각이 아니라는 생각이 드는지요? 또, 도제살이를 하면 나중에 아이들이 화이트칼라 직업을 선택하지 못하게 되는 단점이 있다고 생각하십니까? 그렇다면 다시 한번 생각해보시기 바랍니다. 저는 블루칼라 도제살이만 말하는 게 아닙니다. 스위스 사람들은 물론 블루칼라 도제살이도 하지만 화이트칼라 도제살이도 많이 합니다. 금융기관, 제조회사의 최고경영진 가운데 대학은 말할 것도 없고 고등학교 구경도 못해본 이들이 많습니다.

놀랍다는 말은 이럴 때 써야 하지 않을까요? 그런데 미국은 불안하고 스위스는 안전해서 스위스 은행에 검은돈을 맡기는 사람들이 많습니다. 하지만 그 은행의 은행장은 겨우 초등학교 6학년까지만 마친 사람일지도 모른다는 얘기입니다.

'너 그거 아니?*Did You Know?*' 놀이를 해 봅시다. 삶의 질이 높기로 유명하고 모든 학문 분야에서 미국 학교의 성취를 뛰어넘는 스웨덴에선 만 일곱 살이 안 된 아이는 학교에 들어가지 못한다는 사실을 아십니까? 이성적인 스웨덴 사람들은 아이를 어려서부터 집과 엄마에게서 떼내어 낯선 이들과 함께 펜을 잡고 앉아 있도록 강요하고, 그럼으로써 생기는 여러 가지 사회문제에 돈을 쓸 생각이 없는 것입니다. 그렇다고 스웨덴의 볼보가 예상보다 일찍 고장날까봐 걱정한 적이 있습니까? 또는 스웨덴의 제트기가 공중에서 떨어질까봐 걱정한 적이 있습니까? 스웨덴의 학교교육 과정이 9년이면 끝난다는 사실을 아십니까? 그 덕택에 미국의 12년 교육과정과 비교했을 때 25퍼센트에 해당하는 시간과 세금이 절약된다는 사실을 아시는지요?

〈뉴욕 타임스〉나 다른 언론이 이 문제를 기사로 쓰지 않는 것이 누구의 이익을 위해서라고 생각합니까? 비록 자신이 궁지에 몰리지는 않았더라도 우리가 처한 궁지에 대해서 어떻게 생각하십니까?

인구가 노르웨이만큼이나 적은 홍콩이 과학과 수학의 모든 분야에서 일본과 겨루면서 일본을 앞서고 있다는 사실을 아십니까? 홍콩의 한 해 수업시간은 일본보다 10주 반이나 짧은데 말이지요. 학교에 있는 기간이 길다는 것을 왜 더 높은 성취로 이해하게 되었을까요? 왜 우리가 진작 홍콩 얘기를 듣지 못했다고 생각합니까? 분명히 일본 얘기는 꽤 많이 들었을 텐데 말입니다. 그러나 장담하건대 일본에 관한 이 얘기는 듣지 못했을 겁니다. 일본은 수업이 끝날 때마다 쉬는 시간이 있다는 사실 말입니다.

또, 선진국 가운데 학기가 가장 짧은 벨기에 아이들이 학과 경시대회에서 꼬박꼬박 세계 3위 안에 든다는 사실을 아십니까? 벨기에의 물이 좋아서일까요, 아니면 다른 이유가 있는 걸까요? 어쨌든 그 비결이 공립 학교교육을 열심히 마친 덕분일 리는 없습니다. 벨기에 사람들은 공립 학교교육을 크게 중시하지 않는 듯하니 말입니다.

존 메이저 수상(1990~1997년 재임)을 비롯해 20세기 영국의 수상 세 사람이 대학에 다니지 않았다는 사실을 아십니까? 제 요점이 잘 전해졌길 바랍니다. 점점 공허해져만 가는 학교교육에 대해 고민하면서도, 부지런히 정보를 제공하는 언론이나 전문 교육기관만을 믿는다면 우리는 콩 한 줌과 자기 암소를 바꾸는 바보가 될 것입니다.

사회공학으로서의 학교교육

20세기로 들어서자마자 학교교육은 그 주요 존재 근거였던 지적 발달, 기술훈련과는 멀어지고 사회공학이라는 이상한 세계로 들어가 버렸습니다. 교실을 '사회화'하고 '심리학적으로 분석'하는 것이 관심과 보상을 낳는 세상 말입니다. 행정가와 교사의 전문화는 이 목적을 위한 중요한 예비 메커니즘이었습니다. 이 메커니즘은 골칫거리 침입자를 걸러내는 체 노릇을 했고, 돈을 버는 사다리를 제공함으로써 동맹군과 추종자들에게 보답했습니다.

지식과 기술을 가르치지 않는 학교교육을 지지한 건 온갖 분야의 외판원들이었습니다. 학교 관계자들은 물론이요, 카네기와 록펠러, 포드와 애스터 같은 전설적인 기업인들이 바로 그들입니다. 존 듀이 같은 순수 이론가들도 있었고, 컬럼비아 대학의 니콜라스 머리 버틀러N. M. Butler 같은 학문 분야의 기회주의자들도 많았습니다. 존스 홉킨스, 시카고 대학 같은 유명 대학은 학문을 깊이 연구하는 학교교육을 파괴하는 데 깊이 관여했습니다. 사립 재단의 핵심 인물과 싱크 탱크들도 마찬가지였습니다. 그들은 어떤 확신을 갖고 이렇게 한 것일까요? 사적인 이익을 위해서였을까요, 아니면 또 다른 이유가 더 있었던 걸까요? 이 문제는 우선 다른 얘깃거리를 위해 미뤄 두겠습니다. 확실한 것은 그들이 목표했던 결과물이 아이를 학교에 보낼 때 부모들이 품었던 기대와는 거리가 멀었다는 것입니다.

20세기 초반에 급진적인 변화가 일고 있었습니다. 농부들과 장인,

어부, 소기업인을 기업국가의 훈련된 노동력으로 바꾸어내는 일이었습니다. 기업국가는 모든 노동력을 거대 정부, 거대 기관, 거대 회사로 흡수하고 있었습니다. 그 사회를 이끌어가는 논리는 독립, 독창성, 위험 감수, 흔들림 없는 원칙이라기보다 편안함, 안정, 예측가능성, 타협이었습니다. 사회공학의 원리에서 이런 변화는 복지자본주의라는 미래의 유토피아를 향해 가고 있었습니다. '생산' 문제가 해결되면서 전문 지식인과 어마어마한 부를 획득한 자들은 분배를 관리하는 데 관심을 기울였습니다. 그들은 분배의 관리를 통해 국가와 종교, 궁극적으로는 전 세계를 위해 '이성적인 사회'를 만들어내고자 했습니다. 이성적인 사회란 안팎으로 갈등이 없는 안정된 사회를 뜻합니다. 그런 체제에서는 사회의 요구에 따라 행동하는 이는 일정한 몫을 얻고, 그렇지 않은 이는 몫이 줄어듭니다.

소농, 목수, 어부, 또는 삯바느질꾼은 사회 요구에 순응하는 데 별 관심을 두지 않았음을 기억하시기 바랍니다. 그러면 중앙집권 경제와 중앙집권 학교교육이 어떻게 사람의 행동을 원래 행동반경보다 훨씬 좁은 컨테이너 속에 가둬 두었는지 알게 될 것입니다. 그리고 지적 발달이 왜 겉으로 하는 말과는 완전히 다르게, 편안함, 안정, 예측가능성, 타협을 추구하는 사회의 진지한 목표가 될 수 없는지 이해하게 될 것입니다. 물론 그런 운명은 절대 받아들여서는 안 되는 것입니다.

어쨌든 이런 밑그림이 그려지고 1917년 자리를 잡자 목표에 닿기까지 남은 것은 공립학교에 있는 아이들을 대상으로 한 끊임없는 실

힘뿐이었습니다. 일부 실험은 온건했으나 많은 실험은 'IQ 테스트'
니 '유치원'처럼 숨이 멎을 만큼 급진적이었습니다. 이 새로운 정책들
은 저마다 실제로 추구하는 목적이 있었고, 그 목적은 계획된 더 큰
유토피아의 일부이면서도 현재의 어떤 '문제'에 대한 해결책이라는
미사여구로 포장될 수 있었습니다.

　그러나 계획된 사회로 가는 가장 큰 걸림돌은 부모입니다. 부모는
자기 자식을 위한 저마다의 계획을 세웁니다. 아이들을 사랑하는 부
모들의 의욕은 월급 받고 일하는 교사들보다 강합니다. 이런 부모들
이 불만을 품고 나선다면 몇 사람만으로도 교육이라는 이름으로 계
속되는 실험을 중단시킬 수 있을 테니까요. 계획된 사회에 두 번째
큰 걸림돌은 종교입니다. 모든 종교는 아이들을 포함해서 모든 인간
에 대한 계획을 신이 세운다고 믿습니다. 세 번째로 큰 걸림돌은 지
역사회의 가치와 도덕 문화로서, 이 또한 자라나는 아이들이 기댈 수
있는 길잡이가 되어줍니다. 학교를 소유하고 있는 국가 입장에서 이
세 가지는 모두 국가의 통제에 맞서 아이들의 힘을 얻으려 하는 외부
세력입니다.

　마지막 큰 걸림돌은 아이들 저마다가 지닌 본성입니다. 존 로크는
아이들이 아무것도 쓰여 있지 않은 석판 같아서 그 내용을 채우기
나름이라고 말했는데, 그건 엄청난 거짓말입니다. 진짜 그런지 그는
부모들에게 물어보았어야 했습니다. 제가 그랬듯이 교사로서 통제된
환경 속의 아이들을 30년 동안 가까이 지켜본다면 누구든 깨닫게
될 것입니다. 아이들은 모두 저만의 운명이 있어서 말없이 그 운명을

향해 가고 있다는 사실을. 교사나 행정가, 기업가들이 좀처럼 영향을 미칠 수 없는 그 자신의 운명 말입니다.

계획된 사회에서 개성, 문화적 정체성, 신과의 관계, 또는 끈끈한 가족 관계는 완전히 없애지는 못해도 억눌러야 하는 요소입니다. 적어도 1차대전이 끝난 뒤부터 미국은 머뭇거리면서도 꾸준히 이 길을 따라 걸어왔습니다. 아이들이 타고난 본성을 억누르고 기계조직의 일부로 만드는 그런 복잡한 과제를 이루기 위해, 일반 대중을 어떤 억측에 동의하도록 이끌어야 했습니다. 대학 졸업장이 있어야 지위가 높은 직업을 얻을 수 있다는 생각이 그 한 예입니다.

학교를 지탱하는 아홉 가지 억측

학교기관은 오늘도 이런 많은 억측에 기대어 유지되고 있습니다. 그 가운데 일부는 카드 도박꾼에게나 어울릴 법한 교묘한 속임수로 학교교육과 미래의 지위를 연결시킵니다. 또 다른 억측은 정치적 지위를 높이고, 가족 같은 없어서는 안 될 인간의 제도를 없애고, 인간의 본성이 비열하고 폭력적이고 야만적이라고 규정지으려 합니다. 저는 후자의 억측에 해당하는 아홉 가지 표본을 제시하려고 합니다. 우리 한 사람 한 사람이 어떤 억측을 받아들일 수 있는지, 얼마만큼 받아들일 수 있는지 판단해보았으면 합니다.

1. 사회적 단결은 강제적 학교교육이란 수단을 통해서만 이루어질 수 있

다. 학교교육은 사회혼란을 막는 주요한 방어수단이다.

2. 아이들은 먼저 스승에 의해 사회화되어야 서로를 받아들이는 법을 배울 수 있다.

3. 아이들에게 가장 안전한 스승은 국가면허를 취득한 자격 있는 전문가이다. 아이들이 비전문가의 손길에 맡겨져서는 안 된다.

4. 아이들에게 가족, 문화, 종교 규범을 위반하도록 강요해도 지성이나 인격 발달에 해가 되지는 않는다.

5. 아이들은 어머니와 아버지가 도덕이나 가치 판단의 주권자라는 미신에서 깨어나야 한다.

6. 가정은 모든 이들의 교육에 관심을 기울여야겠지만 자기 자식의 교육에 대해서는 지나친 관심을 갖지 말아야 한다.

7. 국가는 교육, 도덕, 신념을 책임지는 주체이다. 국가의 감독에서 벗어나는 아이들은 부도덕하다.

8. 아이들의 가정은 저마다 신념과 배경, 개성이 다르지만 함께 어울려야만 한다. 서로 신념이 배치되는 가정의 아이들도 어울려야 한다.

9. 자유 대신 의무를 부과하는 것은 국가권력을 올바르게 이용한 것이다.

이 억측들과 관련된 몇 가지 사항이 곧바로 학교정치학의 형태, 양식, 그리고 실제를 만들어냅니다. 억측은 또 다른 억측을 낳습니다. 이런 억측 탓에 미국 언론에서 벌어지는 학교 논쟁은 대체로 불성실합니다. 언론에서는 '이러한 수단을 합리화하는 목적은 무엇인가?' 처럼 가장 중요한 질문은 결코 하지 않습니다.

사실은 말이죠…

〈뉴욕 타임스〉의 교육 논설위원 프레드 헤칭어와 같은 자리에 앉아 저녁을 먹었던 적이 있었습니다. 저는 학교에 들이는 돈의 액수와 교육의 질이 비례한다는 상식을 의심하는 문제같이 학교에 관한 불편한 문제를 타임스가 의도적으로 피하는 건 아니냐고 물었죠. 그러자 그는 화를 내며 제 말을 무시했습니다. 또 한번은 워싱턴에서도 비슷한 일이 있었습니다. 기초교육협회 만찬에서 전미교사연합회의 앨버트 생커와 같은 테이블에 앉아 있을 때였습니다. 저는 제도교육의 권력과 막강한 지위에 대해 이야기를 하면서 그 실패의 역사를 지적했습니다. 라마 알렉산더, 빌 베넷, 조 페르난데스, 다이앤 래비치, 체커 핀, 그 밖에 많은 유명인사들은 제 말을 참기 힘들어하는 것 같았습니다. 공식적으로 입증할 수 있는 증거와 비공식적이지만 상식에 뿌리를 둔 다양한 증거를 대며, 저는 학교가 기대고 있는 억측들이 사실과 모순된다는 점을 밝혔습니다. 저는 거기 모인 많은 이들의 귓가에다 속삭여주고 싶었습니다. '사실은 말이죠…' 하면서. 다음은 우리가 한번 심사숙고해봐야 할 혼란스런 모순들 스물한 가지입니다.

1. 학교교육에 쓰이는 돈의 액수와 다양한 문화권의 부모들이 판단하는 '좋은' 결과 사이에는 아무런 연관이 없다. 교육은 구매되는 상품이 아니고, 화폐경제를 뛰어넘어 통찰력과 힘을 키우고, 이해력과 자제력을 기르

는 것이기 때문이다. 교육은 억누를 수 없이 안에서부터 솟아나는 노력이다. 일인당 최소 교육비를 지불하는 미국의 다섯 개 주가 시험 결과는 가장 뛰어났다.(소비수준에서 30위 정도인 아이오와주도 가끔 최고 성적을 낸다.)

2. 학교교육 기간과 성취 수준이 비례한다는 것을 보여주는 확실한 증거는 없다. 오히려 학교교육 기간이 짧은 많은 나라들이 긴 나라들보다 성취 수준이 훨씬 높은 경우가 더 많다.

3. 대개 시험 점수와 직무 수행은 관계가 없다. 신문기자를 고용할 때 국어 점수가 A였던 사람을 고용할 것인가? 외과의사에게 절개술 점수가 몇 점이었는지 물어볼 것인가? 지난 시대 워싱턴의 엘리트였던 조지 케넌G. F. Kennan은 중고등학교 때 수학과 과학 성적이 60점 밑이었다. 프린스턴 대학 시절에는 낙제도 많이 했고, D와 C 학점도 많이 받았다. 그는 "순응적이지 않은 학생이, 때로는 자신의 기준을 만들어가면서 자기 안의 이해력을 발전시킨다"고 말했다. 트루먼 대통령 시절 국무장관 딘 애치슨D. Acheson은 그로턴을 졸업할 때 평균 68점이었다. 교장은 그의 어머니에게 이렇게 편지를 썼다. "딘은 결코 가르침을 잘 따르는 아이가 아닙니다." 우리 모두가 알고 있듯이 아인슈타인은 무척 어리석은 아이로 평가되었고, 토머스 에디슨과 벤저민 프랭클린도 마찬가지였다. 성적과 시험 점수가 그 사람을 나타낸다고 진짜로 믿는 사람이 누가 있는가?

4. 일터에서 이루어지는 훈련이 학교에서 이루어지는 훈련보다 언제나 비용도 적게 들고, 더 빠르며 질도 훨씬 우수하다. 교육이란 일종의 자기훈련이다. 그것은 자기만의 수많은 데이터를 계산하는 것이고, 교사나 그 이상의 교육자에게서 쉽게 얻을 수 없는 체험을 하는 것이다. 생각하는 방식에

대해 그럴듯한 말로 시시콜콜 정해놓은 많은 규칙들이 별 성과를 거두지 못하는 이유가 바로 여기에 있다.

5. 미국 경제는 겉으로 하는 말과는 달리 피고용인들의 지식과 지성을 더 요구하는 게 아니라 덜 요구하는 경향이 짙다. 학교는 아이들이 지성, 능력, 독립성을 발달시키는 곳으로 다시 짜여질 수도 있다. 그러나 그것은 곧바로 경제의 구조 변화를 일으킬 것이므로 실현되기 어려운 일이다.

6. 공립 학교교육의 관습, 훈련, 일과는 아이들이 의욕을 갖거나 독창성을 발휘할 기회를 빼앗는다. 이렇게 될 수밖에 없는 매커니즘이 오랜 세월 동안 매우 잘 정착되었다.

7. 교사는 전문가로서 보수를 받지만 그 분야에 대해 실제로 체험한 경우는 거의 없다. 또한 교사 양성과정의 질이 낮다는 사실은 지난 80년 동안 문젯거리였다.

8. 최근에 타계한 노벨상 수상자 리처드 파인먼이나 앨버트 아인슈타인, 그 밖에 매우 존경받는 과학자들은 한결같이 과학의 발견이 학교 과학수업과는 별로 관계가 없다고 입을 모은다. 이렇게 말하는 과학자들은 이 밖에도 아주 많다.

9. 저명한 사회학자인 크리스토퍼 젱크스와 여러 사람의 연구에 따르면 학생이 다니는 학교의 질은 나중의 경제적, 사회적, 또는 정서적 성공을 예측하는 지표로 아무 쓸모가 없다고 한다. 하지만 가족의 질은 매우 훌륭한 지표이다. 그것은 가족정책이 학교가 아니라 곧장 가정을 향해야 한다는 것을 보여준다.

10. 아이들은 아주 어릴 때 가장 빨리, 가장 쉽게 배운다. 보통 이해력은

만 네 살까지면 거의 자란다. 아이들은 그 즈음이면 글을 읽을 수도 있고 수수께끼 같은 어려운 문제풀이를 좋아한다. 또 셈을 능숙하고 즐겁게 할 수 있다. 아이들이 이런 걸 해야 하느냐 하지 말아야 하느냐는 철학 또는 문화 전통의 문제이지, 어떤 과학적 지식이 정하는 과제가 아니다.

11. 지나치게 많은 교육을 받으면 현실과 괴리되면서 공상의 세계로 빠지게 된다. 심하게 억눌린 많은 아이들이 과거와 현재, 현재와 미래의 연관성을 놓치고 만다. 현실감도 상당히 약해진다.

12. 사람들에게 잘 알려져 있지 않지만 이름난 거의 모든 교정 프로그램은 아무런 성과를 거두지 못했다. 타이틀 I(Title I/ Chapter I, 기초학력이 떨어지는 저소득층 아이들이 읽기, 산수 같은 기초학력을 높일 수 있도록 지원하는 미국의 프로그램 _옮긴이) 같은 프로그램이 지속되어온 것은 그것을 만들고 지지하는 사람들 때문이지 프로그램의 결과가 좋기 때문이 아니다.

13. 인종이 섞여 있을 때 학생들의 성취에 도움이 된다고 믿을 만한 증거는 없다. 오히려 지배적인 문화권의 아이들과 소수 인종 아이들을 섞어놓는 게 소수 인종 아이들에게 해롭다는 걸 보여주는 자료는 매우 많다.

14. 뚜렷하게 원하는 학습내용이 있는 경우가 아니라면 학생들이 먼 학교까지 버스로 통학하는 것은 소수 인종 지역의 문화가 빨리 사라지도록 도울 뿐이었다.

15. 지금의 어떤 교육기법이 지적인 수준을 크게 높일 수 있다고 믿을 이유는 전혀 없다. 오히려 기계가 목표를 세우고, 작업 일정을 짜고, 질문하고, 성취 수준을 감독한다고 할 만큼 끔찍한 수동성과 무관심이 커지고 있다. 그것은 이미 학교교육이 만들어낸 결과물이다.

16. 의욕적인 초등학생이 이해할 수 없을 만큼 어려운 지식은 없다. 우리가 알고 있는 발달단계는 '과학'의 산물이 아니다. 그것은 페스탈로치나 프뢰벨 같은 불안정한 사람들과 그것을 미국에 수출한 군사정부의 유산이다.

17. 청소년 비행은 학교교육에 대한 반작용일 뿐이다. 도시의 모든 학교가 그 실상을 은폐하려는 음모를 꾸미는 걸 보면 비행 실태는 언론이 보도하는 것보다 훨씬 심각하다. 학생과 부모를 대신해서 진실을 밝히고자 하는 교사들은 대부분 압력을 받고 침묵하고 만다.

18. 학교교육의 의례적 과정은 지성의 유연성을 없앤다. 지성의 유연성은 서로 다른 상황에 적응하는 데 가장 중요한 특성이다. 학교는 날이 갈수록 다양해지는 사회에서 획일화를 위해 노력한다.

19. 교사 양성과정은 교직 활동에 거의 도움이 되지 않기 때문에 현직 교사나 일반 대중들에게 널리 비판받고 있다.

20. 학교는 카스트제도를 만들어서는 무의미한 잣대에 따라 아이들을 갈라놓으면서, 가난한 아이들과 노동계급, 중산층, 상류층 아이들이 서로 다르다고 알게 한다.

21. 아이들을 그 아이가 속한 문화, 또는 사회계층과 분리시키려는 노력은 아이의 가족 관계, 우정, 안정된 자아상에 곧바로 영향을 미친다.

이제 아홉 가지 억측과 스물한 가지 진실을 다 밝혔습니다. 이것들이 현실을 잘 설명해줄 것입니다. 그렇다면 우리 사회의 교육은 어떻게 하면 지금보다 더 나아질 수 있을까요? 학교 안팎에서 35년(학생이었던 시절까지 합치면 50년)을 보낸 제가 알 수 있는 방법은 하나뿐입니다. 그것은 부모의 손에 완전한 선택권을 넘겨주는 것입니다. 시장이 학교교육을 다시 정의하게 하는 것입니다.* 사람들이 꿈꾸는 만큼 다양한 학교교육 형태가 발전하도록 독려하는 것입니다. 관료가 아니라 사람들이 자신의 운명을 스스로 펼치게 하는 것입니다. 이는 무엇보다도 이 나라를 훌륭한 나라로 만든 힘이 아니었던가요?

----

* 개토의 이 말은 자칫 신자유주의를 옹호하는 주장으로 비칠 위험이 있지만, 선택권이나 시장이란 말을 좁게 해석하지 않고 그의 주장의 진의를 읽으면 오해를 피할 수 있다.
참고로 유수한 사립학교에 자녀를 보내는 부모들이 학교교육에서 무엇을 바라는지 관찰한 바를 개토는 다음과 같이 얘기하고 있다. 이 내용 또한 사립학교를 옹호하는 것이 아니라 자녀가 사회구성원으로 제 역할을 하기를 바라는 건강한 부모의 마음이 어떤 것인지를 말해준다.(편집자 주_《교실의 고백》학교는 왜 아이들에게 배우는 방식을 가르치지 않는가 69쪽)

● 예절이 몸에 배어 나오게 하는 것. 이렇게 해야 자녀가 어디서든 환영받는다는 걸 그 부모들은 안다.
● 수준 높고 희석되지 않은 지식. 그러나 쉬운 말로 되어 있어 전문용어가 기본개념의 이해를 방해하지 않을 것.
● 식물과 동물이 살아 숨쉬는 대지와 자연에 대한 사랑과 감사. 이런 마음이 없다면 삶은 외롭고 황폐하고 관념적인 것이 되고 만다.
● 공중도덕을 지키는 것. 그래야 어떤 환경에서든 다른 사람의 분노와 적대감을 불러일으키지 않고 자연스럽게 적응할 수 있다.
● 서구 문화의 밑바탕. 그것이 있어야 모든 세대가 기호와 가치를 제대로 공유할 수 있다.
● 리더십. 그들은 자녀들이 보호받는 양떼에 속하길 바라지 않는다.
● 자기 절제.

사립학교 부모들은, 사회에서 중요한 위치에 이르기 위한 통로인, 눈에 보이지 않는 자격제도를 학교가 이해하고 있는지에 관심이 있다. 그들은 자녀들이 고유한 특성에 따라 보살펴지기 바라고, 작은 학급을 원하며, 아이들이 지속적으로 자극받으며 자신의 한계를 넓혀가기를 원한다. 자녀들이 삶의 다양한 이론과 실제를 겪어보길 바라고, 훈련을 통해 독립심과 자신감을 키우길 바란다.

6

교과서와 숨겨진 교육과정

"이제 그만!" "그건 잘못된 거야!" "내 길을 가겠어!"

귀에 익숙한 외침들이 학교교육을 향해 쏟아집니다. 교과서는 학교교육에 순종할 것을 가르치죠. 교과서는 시험에 어울리고 돈벌이에 알맞습니다. 하지만 결국 많은 이들의 읽기 능력을 갉아먹고, 거의 모든 사람들에게서 책읽기를 통한 교육의 기회를 빼앗습니다. 여러분에게 이를 증명해볼까요.

책읽기의 함정

레마르크의 《서부 전선 이상 없다》는 20세기 위대한 작품 가운데 하나로, 전국의 모든 도서관 책꽂이에 꽂혀 있고 교과서에 실려 있습니다. 뛰어난 문학작품이면서도 어법이나 문장 면에서 읽기 쉬운 책입니다. 독일의 십대와 젊은이들이 흔히 쓰는 표현들이 미국 젊은이들의 표현으로 살아나죠. 여러분이 알고 있는 뛰어난 독자라고 할 만한 아이들이 한 방에 모여 있다고 생각해봅시다. 거기서 간단한 실험을 해보겠습니다. 아이들에게 처음 스무 쪽을 꼼꼼히 읽고, 중요하다고 생각하는 것을 적으라고 합니다. 이제 책을 덮게 하고 적어놓은 것을 참고하며 다음 질문에 대답하게 합니다. "이야기를 들려주는 병사의 이름은 무엇입니까?" 장담하건대, 아마 열 명 가운데 한 명 정도가 이름을 말할 수 있을 겁니다. 사실 저는 대답할 수 있는 아이가 하나라도 있다면 놀랄 일이라고 생각합니다. 왜 그럴까요?

평준화된 읽기 시험은 결코 그런 질문을 하지 않기 때문입니다. 주인공도 아닌 이야기꾼의 이름이 왜 중요하겠습니까? 이 사람은 저 사람이 될 수도 있는데요. 따라서 교사들이 강조하는 읽기 훈련에서 이름을 중요하게 여기는 일은 거의 없습니다. 이렇게 훈련된 아이들은 얼마 지나지 않아 읽기 시험에 필요한 몇 가지 '중요한' 기술에 속하지 않는 정보는 거들떠보지도 않게 됩니다.

믿을 수 없다고요? 똑같은 책, 바로 그 스무 쪽에 들어 있는 인상적인 장면을 하나 더 소개하겠습니다. 《서부 전선 이상 없다》에서 두 번째 장면은 화장실 장면입니다. 분명 기억에 깊이 남는 장면이었죠? 병사들은 공동변소 바깥에서 일인용 변기를 갖고 볼일을 봅니다. 그럼 볼일을 보면서도 육지와 공중과 가까운 전장에서 벌어지는 전투를 바라볼 수 있기 때문이죠. 정말 상상을 뛰어넘는 매우 충격적인 장면이 아니었는지요?

그럼 이제 읽기 시험 점수가 높은 아이들에게 두 번째 장면을 질문해봅시다. 여러분이 어떻게 묻든, 병사들이 바깥에서 볼일 보는 장면을 기억하는 아이들은 있어봤자 몇 명뿐일 겁니다. 열다섯 해 동안 제가 가르친 학생들 가운데 그걸 기억한 아이는 하나도 없었습니다. 외설스러운 걸 밝히는 십대의 성향을 생각하면 의외라 할 수 있죠.

아이들은 책을 읽으면서 이미지를 그려 내지 못합니다. 과학으로 위장한 가짜 독서 지도방법으로 한 세기 동안 지도한 덕택입니다. 가짜 독서 방법은 읽기를 문장과 단락과 여러 개의 답을 찾는 문제들로 해체시킵니다. 그리고 말로 전해지는 의미를 이미지로 그려 내는 능력을 없애 버렸습니다. 제대로 발음 훈련을 받지 않았거나 올바른 낱말 교육을 받지 않은 어머니도 아이에게 또박또박 책을 읽어 줄 수 있습니다. 하지만 교육을 받은 거의 모든 아이들은 읽은 내용을 그다지 잘 이해하지 못하죠. 이렇게 만드는 구조를 이해할 필요가 있습니다. 식민지 시대 사람들은 거의 누구나 어려운 내용을 잘 읽었습니다. 하지만 공교육에서 읽기를 가르친 뒤부터 이 능력은 점점 줄어들었습니다.

그래도 여러분은 믿을 만한 근거가 좀더 필요한가요. 제가 앞서 예로 든 두 가지 질문을 다시 생각해보십시오. 그리고 그 두 가지 질문을 여러분 스스로 열 가지 질문으로 늘려 보십시오. 방법은 이렇습니다. 저 책 첫 장에서 좀더 세부적인 감각, 이를테면 빛깔, 냄새, 광경 따위를 이용한 질문이나 동기에 대한 질문을 만들어내는 겁니다. 예를 들면, 야전병원에서 죽어 가는 동료에게서 받아내려 했던 부츠 색깔이 무엇이었는지, 또는 2인분씩 돌아가게 된 콩과 소시지 때문에 취사병이 어떤 곤란을 겪었는지 질문해보십시오. 아이들에게 처음 스무 쪽을 읽게 하고, 책을 찾아가며 여러분의 질문에 대답하게 합니다. 아이들이 적어놓은 것을 참고하면서 대답해도 좋습니다. 한 15분 정도 시간을 줍니다. 합격점을 60점으로 정해볼까요. 그래도 합격할 수 있는 아이들은 열 명 가운데 한 명이 넘지 않을 겁니다. '책에서 찾아가며' 대답하는 방식이어도 그렇습니다. 교육받은 아이들은 바로 눈앞에 있는 것도 보지 못합니다. 교과서, 학교체제, 학교 시험이 아이들을 그렇게 만든 겁니다.

학교교육이라는 세계는 교육이 아닌 다른 목적 때문에 존재합니다. 여러분은 그렇지 않다고 배워왔겠지만 말입니다. 재능 있는 많은 교사들이 그토록 '교육자'가 되고자 노력해도, 학교 구조와 교과서는 그들을 항복시킵니다.

학교는 도서관이 상징하는 완전한 교육 전통과 목숨 걸고 싸우면서 숨겨진 커리큘럼을 가르칩니다. 이를 역사로부터 증명해 보이겠습니다. 그 실상이 아이들을 위한 책, 또는 '교과서'라고 불리는 책 속에 나타나 있으니까요.

부모 없는 사회의 탄생

이름난 책은 우리가 알고 있는 학교와 아주 관계가 많습니다. 교과서와도 깊은 관계가 있죠. 여러분은 아마도 플라톤의 《국가론

Republic》을 아주 오래된 특별한 책이라고 생각할 겁니다. 하지만 이 책은 서구의 유명한 대학과 여느 대학들에서는 그다지 색다른 책이 아니라 '필독서'였답니다. 플라톤이 이 책을 강의하기 위해 기원전 385년에 세운 사립학교는 거의 천 년 동안 이어졌습니다. 그 학교가 문을 닫고서 오늘에 이르기까지 국가론을 강의한 이들은 기독교 교회의 고위 관료들, 샤를마뉴 대제, 정복자 윌리엄, 에라스무스, 그리고 서구 무대의 막강한 세력자들이었습니다. 버트런드 러셀은 1917년 공산주의 혁명이 플라톤의 《국가론》을 그대로 따른 것이라고 말한 바 있습니다. 이란을 통치했던 호메이니는 스스로 시인했듯이, 플라톤의 본보기를 따라서 이슬람 공화국을 세우려는 평생의 야망을 실현하려는 뜻도 있었던 것입니다. 하버드 대학의 정치학 분야에서 열리는 어떠한 세미나도 플라톤을 죽은 이슈로 다루지 않습니다. 아마 우리도 그래야겠죠.

　《국가론》에서 플라톤의 지배계급은 국가의 중요한 통치력이 가치를 가르치는 통치 신화에 달려 있음을 이해합니다. 국가의 통치권이 기댈 만한 것이 되려면, 아동기부터 국가가 사고의 내용을 지배해야 합니다. 따라서 플라톤은 가족의 삶을 반대합니다. 가족의 삶은 그만의 신화를 갖고 국가와 겨루기 때문입니다. 플라톤을 좇아, 역사의 통치자들은 신화를 조작하려 했습니다. 하지만 결과는 오점투성이였죠. 든든하고 효과적인 중앙집권화의 메커니즘이 없었기 때문이었습니다. 의지는 있으되 기술이 모자랐다고 할까요.

　미국 혁명 뒤 도시가 빠르게 발전하면서 수송과 통신기술이 눈부시게 발전했고 이는 결정적인 영향력을 끼쳤습니다. 1850년이 지나면서 국가가 사고를 조작할 수 있게 된 것입니다. 최고의 대학들은 신화를 통해 사회적 행동을 유도하는 법을 지배세력의 자녀들에게 가르쳤습니다. 그러나 중앙집권화된 의무 학교교육이라는 사회장치가 없었기에 지배력의 손길이 구석구석까지 효과적으로 미치지는 못했습니다.

미국 학교교육은 미국 역사 초기 230년 동안 지역적이고 자유롭고 놀랄 만큼 다양했습니다. 다른 논리를 짓밟는 학교교육 논리는 하나도 없었습니다. 올바르게 성장할 수 있는 길이 아주 많았죠. 공립학교와 사립학교 교육의 형태는 다채로웠습니다. 건강한 많은 가정에서 홈스쿨링을 하고 있었고, 이들의 수는 아주 많았습니다. 뉴잉글랜드를 제외하고는 보편적인 국교도 없었습니다.(뉴잉글랜드의 국교였던 조합교회주의도 중앙집권 경향을 가로막았죠!) 지역 저술가, 기자, 작가 들은 독립적이었습니다. 이 모든 요소들 덕택에 세속의 권위가 아이들의 집단의식에 끼어들 여지가 없었습니다. 말하자면, 어떤 중앙권력이 아이들이 생각할 내용을 결정함으로써 '계획' 사회를 만들길이 없었던 것입니다.

그러나 19세기 중반 즈음 역사적인 세력들이 연합하면서 이런 방어선을 무너뜨렸습니다. 이 세력의 중심 인물들은 아일랜드에서 가톨릭 이민자들이 수없이 몰려오는 데 공포를 느꼈습니다. 제조업자와 부동산 투기꾼들은 가톨릭 이민자들을 반기면서도 두려워했습니다. 값싼 노동력으로 쓰일 수 있는 이민자들이 서쪽에 정착한다는 건 반가웠지만, 1848년 공산주의 혁명이 노동계급을 만들어내는 놀라운 일을 겪었기 때문이죠. 특히 다른 종교 전통을 지닌 이들은 위협적인 존재로 보였습니다.

이런 위험을 줄이기 위해 만들어진 장치가 의무 학교교육이었습니다. 가족의 특권을 근본적으로 침해하는 일은 플라톤의 《국가론》에서 비롯되어 2천 년이 넘게 논의되어왔습니다. 바로 이 일이 보스턴에서 현실로 이루어진 겁니다. 아무것도 모르는 무지당 의원들의 만장일치 투표가 그 일을 해냈습니다. 의무 학교교육은 곧바로 뉴욕과 곳곳에 퍼졌습니다. 부모 없는 사회를 현실에서 볼 수 있게 된 최초의 역사적 사건이었습니다.

부모 없는 사회가 한순간에 만들어질 수는 없었지만, 국가가 승인한 신화가 아이들 마음에 스며들면서 천천히 만들어졌습니다. 신화는 그 방향을 잘 이끌어갔습니다. 더 멋진 직업을 꿈꾸는 우수한 아이들의 이야기가 바로 그 신화의 줄거리였습니다. 이런 목표로 나아가는 길을 앞서서 활짝 열어준 것은 복음주의 종교들이었습니다. 그 종교들은 자녀란 하느님이 부모에게 빌려준 것일 뿐이라고 말합니다. 250년 동안 미국에서 가장 사랑받은 교과서이자 미국 역사에서 가장 잘 팔린 책인 《뉴 잉글랜드 기도서》는 이르기를, 아이들은 부모의 것이 아님을 기억해야 한다고 했습니다. 그런 추상적인 관점에서 한 발짝만 더 나아가면, 소유주의 자리에 '하느님'이 아닌 '국가'를 대입시킬 수 있죠.

아이들 책에서 죽음과 악이 사라지고

1932년 존 듀이는 "낡은 가족은 죽었다"고 선언했습니다. 그는 국가 제도가 본래의 가정을 완전히 이겨야 한다고 생각했습니다. 그가 말한 '집단화된 개인주의corporate individualism'의 시대가 되었습니다. 듀이는 "기회, 선택, 그리고 개인의 행동은 날이 갈수록, 느슨하든 긴밀하든 집단적인 조직에 의해 결정된다"고 했습니다. 듀이는 과거와 미래가 분명하게 분리되는 것을 보았던 겁니다. 과거에는 가족의 일과 개인의 노력이 개인을 정의하는 중심 역할을 했다면, 미래에는 제도가 그 일을 더 잘 하게 될 테니까요.

미국 아이들이 이런 새로운 의식 상태를 갖도록 하는 데 한몫을 한 교과서가 어떤 역할을 했는지를 보여드리고자 합니다. 이 새로운 의식이 단계적으로 진화하는 데 걸린 시간은 20세기로 들어서던 몇 년으로 충분했습니다. 이 기간 동안 교과목이 변화해온 과정을 살펴보면 우리의 가치관인 가족적 감수성과 개인의 독창성이 점차 쇠락해왔음을 알 수 있습니다.

이런 변화는 자연스럽게, 또 우연하게 일어난 게 아닙니다. 이런 변화들은 치밀하게 계획된 것이었고, 그 계획은 보스턴 학교위원회 의사록, 아동보호협회 연례보고서, 쇼토쿼 하계교육문화학교tent Chautauqua 기록, 그 밖에 플라톤의 사상과 닿아 있는 많은 큰 단체들의 기록에 자세히 설명되어 있습니다. 보스턴 학교위원회가 의무교육 계획을 짤면서, 아이들의 책이 걸어갈 길은 이미 정해졌습니다.

먼저 죽음이란 주제를 이야기해보겠습니다. 죽음이란 보편적이고도 의미심장한 것이니까요. 오늘날 학교교육을 받은 아이들은 죽음이라는 것이 우리가 이야기하거나 받아들이거나 또는 깊이 연구해볼 것이 아니라고 생각하게 됩니다. 우리 문화에서는 흔히 나이 드는 것이나 나이든 이들을 좋아하지 않습니다. 이런 문제는 죽음을 삶의 일부로 받아들이지 않는 데서 비롯됩니다. 하지만 죽음은 아주 오랫동안 아이들의 삶과 아이들 책에서 중요한 주제였습니다. 죽음이 아이들 책에서 완전히 사라지게 된 것은 1916년 뒤의 일이었습니다. 온세계가 비밀회의를 열어서 아이들에게 슬픔 따위는 없다고 가르치자고 약속이라도 한 것 같았습니다. 기계는 슬퍼할 줄 모르니 사람도 슬퍼해서는 안 되는 거죠.

이런 갑작스런 변화는 이미 조짐을 보이고 있었습니다. 1900년부터 악이라는 주제가 점차 사라지다가, 1916년엔 완전히 사라진 것입니다. 당시 책들은 악 따위는 없다, 오로지 나쁜 태도만 있을 뿐이다, 나쁜 태도를 고치는 데 하느님이 끼어들 필요는 없다, 모든 문제는 여러 가지 과학적인 '교정'기법으로 고칠 수 있다고 주장했습니다. 이렇게 악이 사라지자 죽음도 곧이어 사라지게 된 것입니다. 작가들이나 실제로 책을 다루는 이들, 우리가 '사서'라고 부르는 이들은 순수문학 창작에서 악이란 개념이 반드시 필요하다고 생각하는데 참 이상한 일이죠. 이름난 작가들 가운데 죽음과 악을 다루지 않는 이는 거의 없습니다. 레이첼 카슨이나 한나 아렌트는 관료제도에서 비롯되는 전형적인 악을 다루었고, 논픽션 작가들도 20세기 역사에서 악이 중요한 지표임을 알고 있습니다.

20세기에 들어서면서 아이들의 생각에서 악과 죽음이 사라지게 되었습니다. 그리고 반가족적 정서가 상류계급을 삼켜버렸습니다. 가장 직접적인 원인은 실증주의라는 실용적인 철학에 있었습니다. 실증주의는 과학적 휴머니즘이라 할 수 있었고, 당시 과학을 공부하러 독일을 찾았던 미국 학계 인사들과, 사업가, 정치인, 유니테리언, 그 밖의 실무자들에게 크나큰 영향을 끼쳤죠. 프랑스 사람 오귀스트 콩트가 퍼뜨린 실증주의에 미국 사회는 그야말로 홀딱 반해버렸습니다. 당시 미국에서 가장 영향력 있는 잡지 가운데 하나였던 〈뉴 리퍼블릭New Republic〉-플라톤과 같은 계열이라는 게 보이죠-을 창간한 허버트 크롤리H. Croly는 성가와 늘어지는 흰 예복, 향과 그 밖에 모든 예물들 속에서, 말 그대로 부모로부터 실증주의라는 종교의 세례를 받았습니다. 크롤리는 테디 루즈벨트T. Roosevelt의 혁신주의 정책 입안자로 유명해졌습니다.

이렇게 실증주의는 미국 정치권력에 바짝 다가갔습니다. 그리고 겉으로 드러나지 않는 미국 학교교육의 종교가 되었고, 이는 바로 호레이스 맨이 의도했던 것이었죠.

유럽과 미국에서 아동 정책을 만들었던 다른 많은 이들과 마찬가지로 오귀스트 콩트에겐 자녀가 없었습니다. 샤랑통의 정신병원에서 오래 지냈으나 그의 명성에는 아무런 영향을 끼치지 않았고, 콩트의 사상은 그를 추종하는 권력자들에게 인기를 끌 수 있었습니다.

콩트의 위대한 사상은 하느님을 믿기 어려운 개념으로 생각하는 새로운 영적 권위였습니다. 새로운 하느님은 국가가 될 것이라고 콩트는 말했죠. 중요한 사회학자인 그의 동포 에밀 뒤르켕^{Emile Durkheim}은 콩트에게 전적으로 동의했습니다. 우리는 벌집 같은 세계, 더 높은 목표를 위해서 참된 개인주의와 본래의 가정을 모두 포기해야 하는 세계에서 살아야 하고, 국가는 새로 등장하고 있는 그 세계에서 사는 법을 우리에게 가르친다는 것입니다. 이러한 이상을 지닌 실증주의는 새로운 세계 질서를 만들어내려 했죠. 우연하게도 실증주의 저술들에는 '새로운 세계 질서'란 표현이 자주 나옵니다. 1935년이 지나서 새로 나온 미국 달러 지폐에도 이런 표현이 들어 있었고요. 실증주의 운동은 저명한 미국 사상가, 경제 지도자, 정부, 군대, 그리고 교회에 엄청난 영향을 끼쳤습니다. 하지만 당시를 다루고 있는 모든 교과서에서 여태까지 그것에 대해 어떤 논의도 이루어지지 않았으니 유감스럽고도 이상한 노릇입니다.

1880년에서 1920년까지, 미국 사회의 엄격한 규제는 지도자의 책무가 되었습니다. 그 원인은 다시 말하거니와 대규모 이민이 미국 지도층에 엄청난 경각심을 불러일으켰기 때문입니다. 공포감이 엄청났다고 해도 지나친 해석이 아닙니다. 그들은 부와 권력을 분배해온 오랜 방식이 무너질 수도 있다는 두려움을 느꼈으니까요.

이런 공황 상태를 제대로 드러내는 증거는 당시 학계의 반응이 나타난 기록들에서 찾아볼 수 있습니다. 딱 하나만 인용하자면, MIT 총장 윌리엄 워커^{W. Walker}는 연설문과 저술에서 친밀한 대가족으로 구성된 이민자들이 지나친 인종 경쟁을 불러일으키고 있으며, 이에 따라 이른바 앵글로색슨 인종 사이에서는 '인종적 자살'이 일어나고 있다고 주장했습니다. 1900년부터 1910년까지 인종적 자살이란 주제는 이름난 대중잡지에 단골로 등장했죠.

인종적 자살에 대한 이런 두려움은 이민자 가정의 두드러진 '친밀성'이 불러일으킨 것이었습니다. 청교도 지도자들은 가족의 친밀함을 신성모독이라고 일컬으면서, 가족의 사랑이 제자리를 찾기를 (그리고 그 자리에 번영에 대한 사랑이 자리잡기를) 바랐습니다. 아일랜드와 이탈리아계 사람들은 따스했고, 가족의 삶이 주는 정서적 보상보다 물질적 보상에 비교적 무관심했습니다. 그런 그이들의 태도에서 치명적인 위협이 감지되었습니다.

가족을 시대에 뒤떨어진 것으로 깎아내린 콩트의 실증주의는 위험한 이민 문화에 대한 일반적인 증오와 뒤섞이게 되었습니다. 그 결과 국가에 순응을 요구하는 것이 국가적 의제가 되었습니다. 이 목적을 이루려는 계획이 이론적인 고민에서 비롯된 것만은 아니었습니다. 석탄, 철강, 철도 분야의 폭력적인 파업은 이민족에서 비롯되는 위험이 매우 오래도록 이어질 것이고, 그 시작이 코앞에 닥쳤음을 말해주었습니다.

의무 학교교육이 나타나자마자 순응이라는 신화를 판매하는 교과서와 다른 책들이 뒤를 이어 나타났습니다. 대규모 이민의 이런 두 번째 국면이 끝나갈 즈음 또 다른 공산주의 혁명이 일어나 성공했습니다. 바로 때를 맞추어 의무교육법이 시행되었습니다. 처음의 열기가 휩쓸고 지나간 뒤 거의 잊혀졌던 법들은 이제 피할 수 없는 것이 되었습니다. 학교 당국이 국가권력을 쓸 수 있게 된 것입니다. 새로운 대규모 공립학교 교육제도는 아이들과 가정을 분리시키려 했습니다. 놀랄 만한 제도들이 새로 만들어지면서 이 파괴 행위에 한몫 거들었고요.

피라미드 사회

처음 공립학교가 만들어지고 믿음을 강요했던 초기 시절을 잠깐 살펴보려고 합니다. 미국의 의무 학교교육은 19세기 중반 보스턴에서 하루아침에 만들어진 것이었습니다. 독특한 대규모 입양제도 또한 하루아침에 생겨났고, 이는 의무 학교교육과 마찬가지로 급진적이었죠. 이 두 가지는 특별한 일이 일어났다는 표시입니다. 두 가지 변화는 우연하게도 대규모 이민과 함께 생겨났고, 둘 다 전에 볼 수 없던 방식으로 아이들을 부모에게서 떼어내려 했습니다. 둘 다 정치적인 반대에 맞닥뜨린 적이 없고, 앞서 공개적인 발표나 논쟁이 일어나지도 않았습니다. 입양의 경우는 아예 없었지요.

그리고 1850년 즈음, 특별한 관리 감독기구들이 나타났습니다. 끊임없는 감독이라는 칼뱅의 꿈을 실현한 사회장치였죠. 남부에서는 거세게 반발했지만, 남북전쟁이 남쪽과 북쪽의 사회적 대화를 가로막은 뒤로, 앞으로 가야 할 길은 국가가 개인의 삶을 감독하는 범위에서 발전과 개선을 거듭하는 것이었습니다. 일부 새로운 제도는 살펴볼 가치가 있습니다. 국가 비밀경찰 조직이 생겨났고, 고소인에 대항하는 피고의 권리와 정당한 소송 절차를 없앤 아동법원이 생겨났습니다. 전국적인 조세제도가 생겨나서 가족의 삶 구석구석이 당국에 알려지게 되었습니다. '전문가'라는 학자들이 전국을 돌아다닌 덕택에 스타와 같은 지위를 차지하게 되었습니다. '교육' 대학을 대체한 프러시아 모델 이후 '연구' 대학이 새로이 부상했습니다. 그리고 전국적인 연구 병원 제도가 생겨나서 병원 서비스의 판매가 치솟았습니다. 집에서 환자를 돌보거나 집에서 아이를 낳는 일을 이제는 거의 병원이 맡아서 하게 된 것이죠. 물론 이런 국가적 감독과 통제라는 왕관에서 가장 번쩍거리는 다이아몬드는 의무 학교교육이었습니다.

그것은 역사에 유례가 없던 사회혁명이었습니다. 그건 바로 어제 갑자기 시작된 일이었습니다. 어떤 특별한 징후로 예견되지 않았고, 민주적으로 논의된 바도 없었죠. 냉정하게 말해서, 변화의 뿌리는 유럽이 아니라 이집트에 있었습니다. 이 새로운 국가제도들을 통해서 이집트 피라미드의 돌층계처럼 잘 조직되고 예측할 수 있는 사회로 나아간다는 개념이었죠. 그것은 새로운 세계 질서였습니다. 그 진보가 되돌릴 수 없는 것으로 보이자, 그것은 1935년에 새로 나온 달러 지폐 뒷면에 의기양양하게 발표되었습니다. 새로 나온 달러 지폐에는 이집트 피라미드가 그려져 있었죠. 미래 실증주의 세계에 매우 알맞는 상징이었습니다.

교과서가 책읽기를 독점하면서

1890년에서 1920년까지, 시간을 뛰어넘는 다양한 문화의 신화들이 아이들 책에서 사라졌습니다. 어떤 설명이나 예고도 없었습니다. 그리고 그 자리를 차지한 것은 새로 만들어진 인조 신화였습니다. 아이들은 그 신화를 받아들이도록 훈련되었습니다. 이렇듯 갑작스런 변화는 구체적인 변화(우리는 이미 죽음과 악이란 주제가 사라졌음을 확인했지요)의 단계로 넘어가기 전에 신중한 검토를 필요로 합니다. 아이들 책에 담겨 있던 전통에서 급격하게 벗어나는 건 경제적으로 매우 위험한 일입니다. 따라서 먼저 경제 분야에서 지위가 가장 높은 사람들이 전체적인 결정을 내려야 합니다. 그런 결정은 본디 시장을 고려하는 게 아니라, 아주 다른 논리에 따라 이루어집니다. 문제의 서른 해 동안, 교과서 산업은 갑작스레 가치관의 창조자가 되었습니다. 가치관을 반영하는 것이 아니고요. 교과서 출판이 독점이란 본성을 지녔기에 그렇게 될 수 있었던 것입니다.

1875년까지 아동 출판물의 4분의 3 정도는 삶, 태어남과 죽음, 그리고 삶과 죽음을 넘어서는 문제를 나름의 시각으로 다루었습니다. 그러나 1915년 즈음에 이런 관념은 사라졌습니다. 아이들의 책에서 과거와 미래가 사라졌습니다. 과거는 가족의 삶과 전통적인 생각을 뜻했고, 미래에 대한 성찰은 자유의지에 따른 선택이라는 욕구를 부채질했으니까요. 과거도 미래도 결코 권장될 것은 아니었습니다.

실증주의는 아이들이 미래에 대한 걱정에서 벗어나야 한다고 충고했습니다. 하느님의 뜻을 실천할 필요가 있다는 생각은 비애국적인 미신으로 여겨졌습니다. 그런 생각은 국가의 결정과 어긋날 수 있는 더 높은 권력이란 관념을 불러일으키니까요.

아이들의 책에서 문화 공동체 내용이 사라지는 대신 눈부시게 발전한 내용이 있었습니다. 17세기에서 19세기까지, 안정된 공동체의 삶에서 비롯된다고 생각되던 장점들은 학교교육과 교과서에서 중요한 내용을 차지했습니다. 하지만 19세기 막바지에 이르면서 새로운 표현이 눈에 띕니다. '공동체'와 '가족'에 반대되는 개념으로서의 '자아self'라는 표현입니다. 이와 함께 이 지지자들은 어머니와 아버지로부터 완전히 독립했습니다. 이 이야기의 원조는 호레이셔 앨저H. Alger라는, 미국 역사에서 책이 가장 많이 팔린 작가입니다. 앨저가 쓴 백권이 넘는 책들에는 가족과 공동체가 없습니다. 앨저의 용감한 소년들은 가족이나 공동체의 지지가 필요하지 않습니다. 소년들은 혼자서 벌어먹으며 외부 권력기관의 인정을 받습니다.

오늘날 아이들에게 장려되는 것은 이른바 '자기표현'의 욕구입니다. 놀이, 즐거움, '자아실현', 소유의 즐거움 같은 것 말입니다. 20세기 초반부터 아주 많은 아동서적들이 아이들이 가족과 사회의 거미줄에서 벗어나는 내용을 다루었습니다. 이런 책에 나오는 아이들은 자기 가족, 자기 인종의 문화, 그리고 공동체의 이익과 자신의 이익을 분리시키려고 합니다. 자신이 개인적으로 무언가를 가질 수 있다는 전망이 그렇게 만드는 거죠.

자기자신을 신뢰하는 오래된 개인주의가 후퇴하면서 또 다른 중요한 변화가 생겨났습니다. 1796년에서 1855년까지 전체 아동서적의 18퍼센트만이 순응이라는 주제를 다루었지만, 1896년 즈음에는 그 주제를 다룬 책이 세 곱절로 불어났습니다. 앞서 말했듯이, 가치 있는 개인주의가 사라진 것은 당시 남부가 패배함으로써 벌어진 결과였습니다.

존 듀이가 말한 '새로운' 개인주의는 겉모습만 개인주의일 뿐 진정한 개인주의와는 아주 달랐습니다. 새로운 개인주의는 사람들에게 혼자서 시작하라고, 과거와는 상관없는 길로 나아가라고 다그칩니다. 하지만 그것은 아이들의 행동 교정을 위한 치료 전략이었을 뿐입니다. 호레이스 맨이 학교에서 성경을 가르치라고 하면서, 사실은 기독교 분파를 실제 사회 현실에서 벗어나게 하려는 뜻을 갖고 있었던 것도 이와 마찬가지입니다. 아이들의 책에서 용감한 독립 정신을 이야기하는 것은 언제나 중앙에서 계획한 사회 목표를 겨냥하고 있었습니다. 여기에 예외는 없었죠.

듀이의 '새로운 개인주의'에서 자유의지는 실제로 존재하는 것이 아니라 느껴지는 것입니다. 여러분은 스스로 개인주의적이라 느끼지만, 바깥 세계는 여러분이 다른 모든 이들과 똑같이 하고 있다고 느낍니다. 조지 오웰은 《1984년》에서 이 의미를 그려 냈습니다. 주인공은 마치 자유의지에서 우러나오는 것처럼 자신의 사랑을 비판하고 여인에 대한 사랑을 빅 브라더에 대한 사랑으로 바꿉니다. 오웰은 주변에서 일어나고 있던 일을 소설로 그려 냈을 뿐입니다. 교과서가 진짜 책들의 숨통을 조이고, 학교는 아이들더러 책에서 멀어지도록 권장하는 세계에서 벌어지고 있는 일이었습니다. 책을 읽는 능력이 왜 학교교육의 특권이 되어야 할까요? 진짜 책을 읽으면 독창적인 관점을 갖게 되기 때문입니다. 책을 읽는 이들에겐 국가가 개입하기 어려운 내밀한 삶이 있기 때문입니다.

그러나 새로운 체제에서 사회공학자들은 최선책을 손에 넣었습니다. 그것은 바로 막강한 지배력이었습니다. 하지만 지배받는 사람들은 그걸 깨닫지 못했죠. 그러니 저항이란 건 있을 수도 없었습니다. 다만 자살, 마약중독, 폭력, 신경증 같은 문제 행동이 있을 따름이었습니다. 하지만 이런 문제 행동들은 독립적인 책읽기가 만들어내는, 독창적인 사상가들이 일으킬 수 있는 문제에 비하면 좀 성가신 정도에 지나지 않았습니다.

일에서 소외된 아이들

아이들 책에서 급격하게 나타난 신화 가운데 하나는 책이 그려내는 성실한 노동을 '교육'이라 일컫는 무의미한 학습노동으로 바꿔놓은 것이었습니다. 당시 경제 변화에서 이에 대한 설명이 나올 수 있을 겁니다. 19세기 말 즈음 국가 경제는 국내에서 자유로운 소규모 사업과 생산적인 경쟁을 없애버렸습니다. 인터내셔널 하베스터사 International Harvester Corporation는 그 변화 과정에서 소영농인의 시대는 끝났다고 정부를 설득했습니다. 그러므로 남아 있는 감상이 하루빨리 없어지도록 해야 한다고요. 소규모의 경쟁력 있는 제조업, 지역의 일자리, 운송업, 그리고 상업 분야에서 아이들이 일할 수 있는 많은 일자리들이 눈 깜짝할 새 사라졌습니다. 대기업이 시장을 정치적으로 지배했기 때문입니다. 오랜 세월에 걸쳐 자신의 재능과 성실함을 쏟아부을 수 있었던 직업들이 순식간에 독점적인 면허 절차 아래 놓이게 되었습니다.

경제는 갈수록 더 많은 시민들에게 만족스런 일자리를 제공할 수 없게 되었습니다. 이런 경제에서 아이들을 노동의 세계에서 떼어놓는 것은 단지 아이들을 특별 대우하는 것만을 뜻하지는 않았습니다. 그것은 저항을 대비한 방비책이었습니다. 새로이 기계가 할 일과 상징을 조작하는 일자리들이 의도적으로 많이 만들어져서 '반노동자 세력'이 되었습니다. 말하자면 아이들이 일자리를 갖지 못하도록 할 길을 찾아야 했던 겁니다.

옛날에는 아이들과 어른들이 무리 없이 함께 일했습니다. 그것은 아이들을 사회화하는 방법으로서 능률적이고 인도적이었습니다. 하지만 이와 상관없이 '아동노동'이라는 비난조의 용어가 책에 등장했습니다. 상류계급 지배자들은 옛날 방식을 계속 고집하는 가난한 노동계급 가정의 고삐를 쥘 조직을 만들었습니다. 아이들은 되도록 오랫동안 일자리에서 멀어지도록 권장되었고 대신 아무런 특징 없는 학교교육이 그 자리를 메우게 되었습니다.

새로운 신화들이 대단한 힘을 가졌음을 짐작할 수 있습니다. 그 신화들은 어려서부터 일을 했던 사람들이 지적으로나 물질적으로 놀라운 성취를 이룬 사례를 꼭꼭 숨겼으니까요. 열 살 나이에 스스로 선택해서 직업 세계로 뛰어든 어린 벤저민 프랭클린의 이야기는 일하는 아이들의 세계에 영향을 끼칠 것이 뻔했습니다. 그래서 성공한 벤저민 프랭클린은 일할 수밖에 없었던 '가난한 소년'으로 전락해야 했죠. 가난을 딛고 거부가 된 앤드루 카네기 또한 학교를 다니지 않고도 크게 성공한 다른 많은 역사적 인물들과 마찬가지로 십대 노동자였습니다. 하지만 카네기의 실상도 감춰져야 했습니다. 1916년 이후 일하는 아이들의 성공담이 아동문학에 제대로 기록된 사례는 없습니다. 제대로 기록되었다면 아이들을 게으르고 수동적으로 만드는 현실이 달라지지 않았을까요?

새로운 문학 작품 속에서 가정은 따스한 기숙사 제도로, 더 나아가 경영자와 고용인 관계로 그려집니다. 가족이 삶의 의미의 중심으로 그려지는 일은 결코 없습니다. 개인은 가족의 노력이 아니라 사회 제도를 통해서 목표를 향해 나아갑니다. 농사나 소규모 사업 같이 중요한 가족의 일을 시작하는 모습은 새 세계의 교과서에서 찾아볼 수 없습니다. 죽음, 악, 스스로 하는 공부, 민족 고유 문화의 중요성, 건강한 가정끼리 서로 도와가며 사는 이야기, 또는 열심히 일하는 아이들의 성공담 또한 새 세계의 교과서에는 나오지 않습니다.

이처럼 글이나 말로 표현되지는 않아도, 가족과 함께 살고 개성을 발견하고 직업을 갖는 일같이 아이에서 어른으로 자라나며 거치는 많은 단계들이 교과서라는 무대에서 새로운 신화로 다시 꾸며지고 소리 없이 퍼져 나갔습니다. 1차 세계대전부터 교과서의 커리큘럼은 나날이 이기적인 쪽으로 또 집단적인 쪽으로 바뀌면서, 가족에 반대하고 공동체에 반대해왔습니다. 그것이 무엇을 뜻하는지, 또는 그것이 어디로 나아가고 있는지 깨달은 이는 거의 없었습니다. 아마도 존 듀이는 알았던 듯하지만, 다른 사람들은 거의 알아채지 못했죠. 그리하여 오늘날 이런 우리들이 있게 되었습니다.

7

새로운 교사는 어떻게 길러지는가

지난주 어느 간이식당에서 잡지를 집어 들고 커피를 마시며 어떤 배우가 쓴 짧은 글을 읽기 시작했습니다. 연기에 대해서 뭔가 알 수 있겠다는 생각에서였죠. 그 글은 이렇게 시작하고 있었습니다.

"미래와 맞닥뜨리고 있던 고등학교 시절, 내가 알고 있던 딱 한 가지는 내가 어느 한 직업만큼은 바라지 않는다는 것이었다. 그것은 바로 교사였다."

윽! 교사로서 서른 해를 일했으니 저는 이미 그런 표현에 익숙해질 만도 했습니다. 하지만 저는 교사들이 겉으로는 존경받으면서 속으로는 무시당하는 것이 유감스럽습니다. 이런 현실을 더 우울하게 만드는 건 교직이 세상의 감시를 가장 심하게 받는 일이라는 사실입니다. 거의 모든 이들이 우리가 하는 일을 관찰해왔습니다. 그건 모든 이들이 어린 시절부터 어른이 될 때까지 교사들과 함께 갇혀 있기 때문입니다. 그래서 사람들이 우리를 나쁘게 생각하는 게 우리가 하는 일을 알지 못하기 때문이라고 말할 수 없습니다. 사람들은 우리일 전부를 무척 잘 알고 있으니까요.

교직에 대해 끊임없이 불만을 터뜨리는 사람들이 바깥에만 있는 것은 아닙니다. 교직 내부에서도 불만이 터져 나옵니다. 해가 갈수록 그런 교사들 가운데 이직하는 이들이 많아지고 있습니다. 그들은 다른 직업을 구할 수 있을 만큼 운이 좋은 이들입니다. 제가 오랫동안 일했던 부유한 맨해튼 지역에서 교사들은 가을 낙엽처럼 왔다가 사라집니다. 그리고 대부분의 학교에서 교사들에게 가장 인기 있는 일은 아이들과 거의 또는 전혀 관계가 없는 것입니다.

왜 그럴까요? 아마도 상당히 오랫동안 가르치는 일을 해온 교사들은 몇몇 반골들이나 괴짜들 말고는 다른 누군가가 멀리 떨어진 책상머리에서 만든 정책의 도구에 불과하기 때문일 것입니다. 대안학교에서조차, 공공정책과 관련된 모든 문제에서조차 교사는 누군가의 자발적인 대리인입니다. 안 그러면 해고당하니까요.

교사의 양면성

많은 것들이 서로 얽혀서 이 현실을 은폐합니다. 이 리스트에 첫 번째로 오르는 것은 이상한 교사자격 검정과정입니다. 이 과정은 젊고 대학을 갓 졸업해서 통제하기 쉬운 추종자들을 편애합니다. 그래서 그들에게 자격을 주고는 수도원처럼 학교에 오랫동안 감금시킴니다. 감금된 이들은 세상과 멀어지고 서로 멀어집니다. 학교에 남는 교사들은 세상과 떨어져, 수도승처럼 평생 유폐됩니다.

또 다른 요소는 학교에서 이루어지는 지적 활동의 본질이 매우 천박하다는 것입니다. 개념은 잘게 쪼개집니다. 개념은 먼저 과목으로 나뉘고, 과목은 단원으로, 단원은 소단원으로, 소단원은 수업단위로, 수업단위는 숙제로 파편화됩니다. 이 모든 조립단위들 탓에 교실에서 교사가 끼어들 여지는 사라집니다. 교사와 학생 모두에게 지적열의를 요구하지 않기 때문에 개인의 존재는 초라해집니다. 더 나아가 시시각각 울려대는 종소리와 안내 방송, 그리고 시험, 상담, 특별행사의 끊임없는 간섭으로 개인으로 존재할 수 있는 가능성은 사라집니다.

대개의 교사들은 정책을 만드는 사람들을 배반할 만큼 자기 자신이나 자신이 하는 일을 진지하게 받아들이지 않습니다. 예를 들어, 과학교사는 그들이 지시받은 대로 가르치지만 그렇게 하는 것은 과학이 의미하는 것과 반대입니다. 이 교사들은 의례적 절차와 암기 내용이 과학이라면서 순진한 아이들에게 팝니다. 새로운 교사라면 아이들이 독창성 있는 실험을 계획하고, 가설을 실험하고, 진리를 탐구하도록 도울 것입니다. 수많은 아이들이 이렇게 해방되어 독창성 있는 자기만의 방식으로 발견에 이르는 길을 상상해보십시오. 물론 진짜로 그렇게 하는 교사는 해고당하겠지만요.

교사와 의사를 비교해보면 제가 하는 말이 더 잘 이해될 것입니다. 존경받는 의사가 내게 신장을 떼어내야 한다고 말했다고 합시다.

문제가 되는 것은 제가 동의하느냐 마느냐일 뿐입니다. 믿음이 덜 가는 또 다른 의사는 신장 두 개를 다 떼지 않아도 된다고 강력하게 충고합니다. 이때에도 문제가 되는 것은 똑같습니다. 저 자신의 동의가 필요할 뿐이죠.

이와 대비되는 예를 들어보겠습니다. 교사가 어떤 학생에게 일주일에 사흘은 스스로 학습하고 교실엔 이틀만 출석하라고 합니다. 그리고 학생과 가족 모두 이에 동의했습니다. 그렇지만 누가 그걸 허락할 수 있을까요? 교장? 학구 교육감? 지역학교 이사회? 주 교육부? 교직원 조합? 사범대학 학장? 법원? 연방 교육부? 틀에 박힌 행진에서 개인을 벗어나게 할 절대 권력을 지닌 기관은 이 가운데 하나도 없습니다. 모두 정치적 반대파에게 공격당할 수 있기 때문입니다. 주 입법기관의 법령만이 그 일을 할 수 있지만, 법안 통과까지 오랜 세월이 걸릴 것입니다. 의사가 누군가의 신장을 떼어내는 일이 교사가 학교 규정을 고치는 것보다 훨씬 쉬울지도 모를 일입니다.

교사는 모든 학생들에게 가장 이로운 일을 하도록 허락되지 않습니다. 공영화된 지배에 얽매인 교사들은 학생들이 하나뿐인 개인이라는 진지한 생각을 곧 포기해버립니다. 그들이 원하는 것이 진실이라고 해도 마찬가지입니다. 교직이 지금까지 존경받지 못하는 주요한 이유는 교사의 양면성에서 비롯될 것입니다. 교사는 대리인에 지나지 않으면서도 교장처럼 행동해야 하고, 중요하지도 않은 일이 발달과정과 중요한 연관이 있는 척 해야 하죠.

오늘날 우리는 학교개혁이라는 병증을 신물 나게 앓고 있습니다.

이 병에 시달리다 지쳐 떨어지지 않으려면 우리는 학교를 다시 조직하는 어려운 일에 나서야 합니다. 시간, 장소, 교과서의 변화만으로는 충분하지 않습니다. 똑같은 부류의 교사에게서 새로운 학교를 기대할 수는 없습니다. 예전부터 전해오는 똑같은 요리법으로 색다른 음식을 만들 수는 없으니까요. 학교 교사는 그냥 그렇게 존재하는 것만으로도 새로운 구조를 타락시킬 겁니다. 교사에게 어떤 문제가 있느냐와 상관없이, 대학과 교사자격 검정과정이 학교를 고칠 수 없다는 건 분명합니다. 서커스 개처럼 좋은 교사로 '훈련'될 수 있는 과학적인 공식이 없다는 걸 인정해야 합니다. 우리는 교사를 재발명해야 합니다.

불완전함을 가르치는 교사

교사는 자신이 누구인지를 가르칩니다. 그들이 불완전한 사람이라면 그들은 학생들에게 그들의 불완전함을 재생산합니다. 교사자격증 같은 제도는 사람의 삶에 기계의 논리와 명령어를 강요함으로써 사람들이 완전해지지 못하게 만듭니다. 미국의 교사양성제도는 19세기 프러시아 철학자들에게서 영감을 얻어 만들어졌습니다.

프러시아 철학자들은 의무교육을 세계에 소개했고, 교사 프롤레타리아트를 창조하여 군대처럼 능률성 있게 국가에 이바지하게 했습니다. 프러시아 교사들은 개인적인 것이나 현실적인 것은 하나도 가르치지 못하게 정해졌고, 군대처럼 실무 전문가들로부터 명령을 받도록 훈련되었습니다. 독일 철학자들에게 홀딱 빠진 미국 교육자들은 프러시아의 계획을 적극 채택했습니다. 교육자들은 프러시아의 계획을 겉만 조금 바꾸고 대부분을 미사여구로 포장했습니다. 교사들은 한 세기 넘게 이런 방식으로 훈련받았습니다. 이런 교사훈련 방식은 공식적인 구속의 틀 안에 이성을 가두는 것입니다. 그것은 이성의 수준을 높이는 게 아니라 그 발전을 저해합니다.

오늘날 국가 학교교육 형태는 군대처럼 아무 생각 없이 명령에 복종하는 사람들을 필요로 합니다. 그 사람들이 우리 교사들이고, 그들은 지시받은 대로 움직입니다. 유순하고 고분고분한 사람들 가운데 일부는 학교 행정가로서 작은 권력을 갖는 지위까지 올라갑니다. 하지만 그들은 여전히 막후 권력자들에게 좋은 일자리를 신세진 처지일 따름입니다.

20세기 초반 미국 학교는 앤드루 카네기, 존 록펠러, 제이피 모건 J.P.Morgan, 그리고 그 밖에 소수 악덕 자본가들의 영향력에서 벗어날 수 없었습니다. 그들은 효율적인 산업국가를 건설하기로 결심하고, 아이들 양육을 체계화하는 계획을 세웠습니다. 가족과 개인의 주권에서 중요한 결정권을 박탈하고, 그것을 전문가 군단에게 할당하는 것이 이 사회계획의 중심이었습니다. 카네기재단은 이 체제를 '복지자본주의'라 일컬었습니다. 복지자본주의는 전통적인 자유론자들에게 행정가와 기업가로서의 수업 기회를 주었고, 나머지 사람들에게는 국가사회주의 형태를 강요했습니다. 그들은 우리가 자유 속에서 잃은 것을 안정 속에서 회복할 것이라고 설득했습니다.

이 새로운 정부 계획 탓에 사람들은 다른 사람과의 결속력, 어떤 장소와의 결속력을 잃어버렸습니다. 우리는 모두 홈리스가 되었습니다. 그것은 안 좋은 거래였다고 생각합니다. 사람이 자기 시간을 자기 뜻대로 쓰지 못하고 다른 사람과 자유롭게 교류하면서 말할 권리를 잃는다면 삶은 그 의미를 잃기 시작합니다. 전과 마찬가지로 걸어다닐 수는 있어도, 죽어가는 사람일 뿐입니다.

우리가 무의미의 바다에서 익사하고 있다는 가장 결정적인 증거는 감옥에 가는 이들이 늘어나고 있다는 사실입니다. 오늘날 우리는 120만 명을 감옥에 가두고 있으며, 280만 명이 집행유예 상태의 죄수이거나 전과자입니다. 이를 계산하면 65명당 1명꼴입니다. 우리 제도는 붕괴를 향해 나아가고 있습니다.

학교의 위기는 읽기와 쓰기의 위기가 아니라 의미의 위기입니다. 우리가 경제에 대한 정부의 통제를 철폐하고 수많은 독립공동체가 그 권한을 갖게 하기까지, 우리가 사회체제에 대한 정부의 통제를 없애고 개인과 가정의 삶이 그 권한을 갖게 하기까지, 그리고 삶에서 중요한 선택의 문제가 어떤 전문기관의 영역이 아니라는 진실을 알게 될 때까지 무의미함은 점점 커져만 갈 것입니다.

특색 없는 건물의 감방 같은 곳에 나이가 같은 아이들을 가둬놓고 강의하는 것은 악몽 같은 교육방법입니다. 부디 슬럼가의 학교를 떠올리지 마십시오. 제가 말하는 학교는 부유한 교외의 학교들입니다. 학생들은 말할 것도 없거니와 그것이 교사에게 끼치는 영향을 보는 것은 즐겁지 못합니다. 학교교육은 지성이나 선의와는 아무 관계가 없습니다. 숙련된 기술이 없고, 가족과 끈끈한 유대감이 없고, 깊이 뿌리내린 개인의 문화가 없고, 전통이 없고, 신에 대한 믿음이 없고, 현실의 노동에 익숙하지 않고, 독립적인 본성이 없는 이가 교직에 들어간다 해도 그 일에서 이런 자산을 얻을 수는 없을 것입니다.

우리에게는 완전해지려는 자연스런 본능이 있다고 생각합니다. 너무나 많은 시간을 타인의 요구에 복종하며 낭비하다 보면 자연히 절망하게 됩니다. 학생들이 그렇듯이 교사도 마찬가지입니다. 우리가 좀더 솔직해진다면 학교에서 가르치는 수많은 사람들의 두드러진 특징이 바로 '불완전함'임을 인정할 수 있을 것입니다. 그 이유는 이렇습니다. 어떤 사람에게 중요한 일이 결코 공공기관의 지시로 하는 일일 리는 없습니다. 온전한 사람들은 무엇을 하라고 명령받는 것에 저항합니다. 학교교육을 반대하는 사람들도 마찬가지죠. 학교는 이 사실을 알고 있습니다. 따라서 학교는 교사들의 온전함이 없어지도록 사회화합니다. 교사들은 불행한 아이들과 함께 영원히 감금되며, 일터는 메마르고, 하루 일과에 대한 자율권이 사라지고, 지적 수준은 낮아지고, 개인의 내밀함이 사라지고, 동료들과 멀어지며, 정책입안에서 배제됩니다. 열등한 지위를 나타내는 이 오점들 탓에 교사는 금세 지치고 통제받는 신세가 됩니다. 자신이 어떤 사람인가를 가르치면서 교사들은 자기도 모르게 해를 끼치고 있습니다.

사람들은 이렇지 않은 학교와 교사가 분명히 있다고 생각합니다. 자기 학교와 교사가 바로 그 예라고 생각할 수도 있겠죠. 하지만 저는 동의할 수가 없습니다. 사람들이 바람직하다고 생각하는 것을 온전히 지녔다고 할 만큼 건강한 학교는 하나도 없기 때문입니다. 물론 교장의 개인 철학에 따라, 또는 공동체의 특성에 따라 교사에게 어느 정도 자유를 주는 학교는 있습니다. 그러나 기본권리가 누군가의 변덕에 따라 좌우된다면 진실로 권리가 주어진 것은 아닙니다. 권리가 있는 것 같아도 언제든 철회될 수 있는 것이기 때문입니다. 복종과 거짓에 치르는 대가를 외면함으로써 그런 환영이 유지됩니다.

자기 자신을 가르치는 교사

우리는 메리 폴리 M. Foley에게서 실마리를 찾을 수 있습니다. 케이프 코드에서 네 아이와 홈스쿨링을 하고 있는 엄마입니다. 지역 교육감은 집에서 무엇을 가르치고 있는지 보고하지 않는다는 이유로 얼마 전에 메리를 고소했습니다. 법원에 낸 진술서에서 메리는 이렇게 말했습니다.

우리 아이를 교육할 자유가 없다면 우리의 자유는 환상일 뿐입니다. 제게는 커리큘럼이 없어요. 커리큘럼이란 걸 만들어본 적이 없으니까요. 국가는 아이들을 규격화할 권리가 없습니다. 제 교육철학은 커리큘럼을 사용하지 않는 것입니다. 제 방법은 성공적이어서, 딸아이는 전미우등생협회 회원이고, 쌍둥이 아들은 전국학력평가에서 2년 연속 상위 1%에 들었습니다. 우리 집 커리큘럼에서 중요한 것이라면 공상, 자연과학과 사회과학, 자기훈련, 자신과 타인에 대한 존중, 그리고 실수하기입니다.

메리는 우리가 바라는 교사상이며 따라야 할 교사의 모델입니다. 우리는 아이들에게 배우는 방식을 가르치는 비밀을 찾으려는 교사, 정부의 지시와 상관없이 그렇게 하려고 용기를 내는 교사를 기르고자 노력해야 합니다. 나라면 이런 교사 말고 다른 교사에게 아이를 맡기고 싶지 않을 것입니다.

우리는 자신이 누구인지를 가르칩니다. 우리는 아들로서, 또는 딸로서 우리가 누구인지 그리고 누구였는지를 가르칩니다. 이는 자신의 인성을 완성하는 중요한 부분이고, 세상에서 가장 기본적인 제도와 결속되는 과정입니다. 우리는 부모로서, 그리고 친척으로서 우리가 누구인지 가르칩니다. 우리가 아들, 딸, 부모, 친척이 아니라면 우리는 왜 그것이 아닌지, 그리고 그 대신 자신은 무엇인지를 가르칩니다. 거기에 대해서 단 한마디도 표현한 적이 없어도, 우리는 이런 것들을 확실히 가르치고 있습니다. 우리가 누구인지 가르침으로써 우리는 완전함으로 나아갑니다. 제 자신이 완전해지고 제가 가르치는 아이들이 완전해집니다. 우리가 완전함을 얻으려고 노력하지 않는다면 월급 받는 것 말고 가르치는 일이 무슨 소용이 있을까요?

제가 가르치는 일을 하면서 힘써온 것은 제 자신이 완전해지려는 것이었습니다. 제가 정말로 성공했다고 말할 수는 없지만 결코 노력을 멈춘 적이 없었습니다. 어쩌면 놀랍게 들릴지도 모를 고백을 하겠습니다. 제가 교실에서 한 일 가운데 저 자신에게 쓸모가 없었던 일은 하나도 없었습니다. 저는 날마다 '이 일에서 나를 위한 것이 무엇인가?'라는 질문으로 일을 시작했습니다. 완전해지려는 노력에서 언어지는 부산물이 제가 아이들에게 줄 수 있는 유일한 것이었습니다. 제가 교사로서 가장 큰 영향을 주었던 아이들은 그 나이에 제가 불완전했던 것과 똑같이 불완전한 아이들이었고, 어른이 된 제가 배우려고 노력해온 어떤 장점들이 모자란 아이들이었습니다. 제가 이 아이들을 가장 잘 가르칠 수 있었던 건 진실로 제 자신을 가르치고 있었던 덕분입니다. 우리는 인성문제를 해결하려고 서로 노력했고, 그 과정에서 두드러진 학문적 성공을 이뤄냈습니다.

저는 미리 짜인 커리큘럼, 공식 승인된 학습자료, 정해진 공간, 시험, 다양한 전문 자격, 그 밖에 보통 학교의 잡다한 일들이 소모적이고 쓸모없다고 말하고 있습니다. 가르치는 일은 사람들 사이의 관계이지 종이에 적힌 규정이 아닙니다. 그것은 끊임없는 증명이지, 정보를 가공하는 속임수가 아닙니다. 훌륭한 부모가 가장 훌륭한 교사가 될 수 있는 까닭이 여기 있습니다. 부모는 훈련이나 판서, 연습문제를 통해 자식들과 대화하지 않습니다. 부모는 그들이 누구인가, 그리고 무엇이 그들에게 중요한가를 행동으로 증명함으로써 자식들과 대화합니다.

새로운 교사를 길러내려면

교사를 재발명하기 위해 우리는 스스로 물어야 합니다.
"우리들 가운데 누가 가장 훌륭한 교사인가?"
우리가 놓치고 있는 자원은 바로 노인들입니다. 노인은 자신이 누구이며, 자신이 겪은 일이 어떤 의미인가를 오랜 세월 동안 되새겨 왔습니다. 자신의 삶을 반추할 수 있는 노인들에게 어울리는 소중한 일과 참된 지위가 바로 교사인 것입니다. 참으로 중요한 것을 노인보다 더 잘 알 수 있는 이가 있을까요? 노인들은 자신이 살아온 삶을 통해서 교육이 어디에서 그 목적을 이루었는지, 어디서 이루지 못했는지를 드러낼 수 있습니다. 그리고 그들이 배울 수 있었지만 배우지 못했던 것이 무엇인지, 그래서 교육에서 무엇을 놓쳤다고 생각하는지를.알려줄 수 있습니다.

교사를 교육하는 데 또 하나 개발되지 않은 자원은 실패한 교사들입니다. 그들은 자신들의 실패를 이해하려고 애쓰고 있습니다. 제 경험에서 볼 때 저는 대학에서 아무것도 배우지 못했으며 훌륭한 교사들한테서도 거의 배운 것이 없습니다. 하지만 저는 실망한 교사들에게서 무한한 통찰력을 얻었고, 그중 몇 사람은 가까운 친구가 되었습니다. 그들은 제게 말했고, 아마 사람들이 귀를 기울이고 있다고 생각하면 모든 이에게 말할 것입니다. 그들은 자신이 어떤 사람일 수 있었는데 그 어떤 이가 되지 못한 이유를 말해줄 것입니다.

그러나 교사를 훈련시키는 데서 우리가 놓치고 있는 가장 중요한 자원은 학교교육에 짓눌려 있는 수많은 아이들입니다. 우리는 아이들을 모른 체 합니다. 그건 우리가 아이들의 눈을 바라보지 않고, 우리가 아이들에게 짐 지우고 있는 고통에 아이들이 분노할 권리를 인정하지 않기 때문일 것입니다. 교사를 길러내는 일에 아이들을 빼놓지 말고 받아들여야 합니다. 지난해 스포캔^{Spokane} 홈스쿨 모임에 참

가한 1,500명 가운데 600명이 아이들이었습니다. 모든 나이의 아이들이 모임 진행에 참여했습니다. 아이들의 에너지는 눈부시고 완전했습니다. 완전한 교사들이 이끌 때면 아이들은 늘 그렇습니다.

이제는 학교교육이란 비즈니스를 끌어안고 있는 사람들을 포기할 때입니다. 현재의 제도 덕택에 넉넉하게 생계를 꾸려가는 이들의 충고를 무시할 때입니다. 이 제도의 신봉자들을 버릴 때입니다. 집단의 주권이 아니라 개인의 주권을 얻기 위해 헌신하고 있는 이들만이 실제로 새로운 교사 이야기를 꺼낼 수 있습니다. 새로운 교사는 아이들에게 자신의 적극적인 독립선언문을 발표할 수 있는 사람입니다. 그것이 없다면 학교개혁은 시간 낭비일 뿐입니다.

8

가짜 돈을 넘어서기

우리 어머니는 길 잃은 짐승들을 돌봐줍니다. 주로 떠돌이개와 고양이들이지만 날개를 다친 새도 돌봐줍니다. 거북이가 느릿느릿 길을 건널 때 어머니는 아버지가 운전하는 차를 멈추게 하고 차에서 내려서는 거북이를 길 건 편에 내려놓습니다. 우리 집이 도대체 얼마나 많은 짐승들을 먹여 살려야 하느냐고 아버지가 불평해도 어머니는 내비스코Nabisco(미국의 큰 제과회사 _옮긴이) 개 사료를 담은 큰 접시들을 뒤뜰에 내놓고 떠돌이 짐승들을 먹였습니다. 이 인정 많은 행동 덕분에 우리 집은 떠돌이개 보호소처럼 보였고, 아버지는 화가 나 어쩔 줄 몰라 하셨습니다. 무엇보다도 아버지가 그 제과회사의 지점장이었기 때문이었습니다.

얼마 전 저는 3천 년 전에 솔로몬이 기록한 교훈집 《잠언》을 읽다가 이런 구절을 보았습니다.

'자기 자신을 변호할 수 없는 이들을 위해 목소리를 높여라.'

자기 자신을 변호할 수 없는 이들을 위해 목소리를 높인다? 문득 저는 어머니가 그저 짐승들에게 먹이를 준다고만 생각했던, 오랜 세월 어머니가 해왔던 일이 어떤 것이었는지를 깨달았습니다. 어머니는 자기 자신을 변호할 수 없는 이들을 위해 발언하고 있었던 것입니다. 그리고 더 읽어가다가 이런 말도 만났습니다.

'가난한 이들에게 관대한 이들은 행복하다.'

가난한 이들에게 관대한 이들이 행복하다고? 이런 구절을 읽으면서 저는 비로소 우리 어머니를 행복하게 했던 비밀의 일부를 알게 되었습니다. 어머니는 많은 짐을 지고 있었으면서도 제가 자라나는 동안 늘 행복했습니다. 어머니는 정말로 가난한 이들에게 관대했습니다. 버려진 짐승들뿐 아니라 문을 두드리며 구걸하는 모든 이들에게, 어려움을 겪고 있거나 도움이 필요한 이웃들에게도 아량을 베풀었습니다. 저는 어렸을 때 잔디 깎는 일을 해서 용돈을 벌었습니다. 그때 혼자 어린 아이들을 기르던 과부가 누구보다도 기억에 남습니다. 어머니의 부탁으로 저는 그 집 잔디를 무료로 깎아주었죠.

저는 많은 사람들이 모텔 방에서 기드온 성경을 꺼내 읽듯이 잠언을 읽었습니다. 특별한 내용을 기대하지 않고 여기저기를 읽어 내려갔습니다. 그렇게 별 생각 없이 페이지를 넘기다가 이런 표현을 발견했습니다. 조금 전의 가르침을 함축하고 있는 글귀입니다.

'공동선을 추구하는 이들에게는 기쁨이 있다.'

공동선을 추구하는 이들에게 기쁨이라. 어머니가 며칠 동안 고생하여 만들었던 아름다운 성탄절 트리와 식구들을 돌보던 수고가 떠올랐습니다. 어머니는 PTA Parent-Teacher Association(사친회) 회장으로서 공정성을 적극 옹호했으며, 지역의 남성들 가운데 누구도 하려 들지 않았던 컵스카우트단 창설을 도맡았습니다. 저는 어린 시절의 수많은 일들에 어머니가 전해주었던 기쁨을 떠올렸습니다.

〈이코노미스트〉 최근 기사에 따르면, 세계의 모든 변호사 가운데 70퍼센트가 미국에 있다고 합니다. 미국의 일인당 변호사 수는 일본의 스물다섯 배, 영국의 세 배 반, 독일의 두 배 반입니다. 공공 변호사와 개업 변호사를 모두 합치면 미국 사람 250명 가운데 한 사람이 변호사입니다.

이것은 무엇을 뜻하는 걸까요? 전 세계 변호사 가운데 70퍼센트라면? 조지프 캠벨 J. Campbell은 죽기 전에 이 어마어마한 법조인들에 주목하고, 그것이 미국인들이 서로 이야기하는 방식, 피고용인들이 사장에게, 형제와 자매끼리 이야기하는 방식이라고 말했습니다. 소송은 우리가 타인의 관심을 얻는 방식입니다. 우리는 이미 서로에 대한 정상적인 관심을 잃었고, 사람 대 사람으로서 문제를 해결하는 데 관심을 잃었으며, 건강한 사람들의 특징인 솔직한 대화에 흥미를 잃었기 때문입니다.

영국 관습법의 훌륭한 전통을 살펴보면 소송에 이르는 이유는 두 가지뿐입니다. 첫째, 어떤 사람이 약속을 지키지 않거나 자신이 하겠다고 얘기한 대로 하지 않았기 때문입니다. 여기에서 계약법이 생겨납니다. 둘째, 어떤 사람이 다른 이의 권리를 침해하여 해를 끼쳤기 때문입니다. 여기에서 배상법과 형법이 생겨났습니다.

따라서 여러분들이 미국 사회의 위기를 특징짓는 새로운 방법을 찾고자 한다면, 그리고 십대들의 자살, 이혼, 범죄, 폭력, 소외된 형제자매들, 살인, 약물 따위의 문제를 한 번 이상 진지하게 고민했다면 전 세계 변호사 가운데 70퍼센트가 아메리칸 이글American Eagle의 날개 아래 모여 있다는 사실이 드러내는 위기를 생각해보시기 바랍니다. 우리 가운데 아주 많은 사람들이 약속을 지키지 않으며 또 많은 사람들이 다른 사람의 권리를 침해하여 변호사 군단을 지원하고 있기 때문입니다.

개인의 책임이라는 부담에서 서둘러 벗어나려 하면서 우리는 가정과 사회 속에서 함께 살아가는 법을 잊고 있습니다. 가정과 사회를 우선해야 한다는 개인의 기본의무를 잊고 있는 것 같습니다. 피하려는 것입니다. "그들이 하게 둬! 보수를 받잖아." 따위의 말을 얼마나 자주 듣고 있습니까? 이때 말하는 '그들'이란 경찰이나 환경미화원, 또는 사회복지사를 뜻할 수 있습니다. 또 우리 사회가 서로를 돌보며 더불어 살던 세상에서, 제도와 고용 관계로 엮인 세상으로 이행했음을 확인시켜주는, 그 밖의 수많은 직업들을 뜻할 수도 있습니다.

우리가 그토록 자주 약속을 어긴다면 그것은 무엇을 뜻할까요? 우리가 그토록 자주 서로의 권리를 침해한다면 그것은 무엇을 뜻할까요? 공동선을 위한 개인의 책임을 우리가 고용한 누군가에게 철저히 넘겨버려서 세상이 온통 거절과 돌 같은 침묵으로 가득 찬다면,

그리고 모든 눈이 한결같이 의무를 외면하고 모든 입은 "안 돼! 그들이 하게 둬! 보수를 받고 있으니까!" 하고 외친다면 어떨까요?

인류의 오랜 역사 속에서 무료로 교환되거나 대가 없이 주어진 단순한 서비스에 가격표가 붙여진다는 사실이 우리의 미래에 어떤 의미를 갖는 것일까요? 아픈 이를 간호하고 노인을 보살피고, 또는 심지어 자기 자식을 기르는 일, 가난한 과부의 잔디를 깎아주는 일에 가격이 매겨진다는 건 어떤 의미일까요? 그런 현실이 두렵다면 우리는 무엇을 해야 할까요?

20세기로 바뀌는 시점에서 게오르그 지멜^{G. Simmel}이라는 독일의 통찰력 있는 사회사상가는 《돈의 철학^{The Philosophy of Money}》이라는 주목할 만한 책을 썼습니다. 20세기의 가장 독창적인 이론가 가운데 한 사람이었던 지멜은 이 책에서 돈은 그 추상적 실재의 기초에 심각한 내적 모순을 지니고 있다고 밝혔습니다. 돈은 사물의 고유한 정체성을 빼앗고 그 본질을 '돈'이라는 가치로 대체하며, 세상 모든 것을 돈과 교환될 수 있는 걸로 바꾸어버린다는 것입니다. 그 결과 돈은 우리가 주고받던 것들의 가치를 깎아내리고 그것이 가진 중요성을 없애버리고 말았습니다. 지멜은 봉사 같은 참된 개인의 특성이 돈을 위해 제공되는 경우에는 언제나, 그렇게 값을 매김으로써 값이 매겨진 그 일이 하찮은 일이 되어버린다고 했습니다. 봉사는 날이 갈수록 품위가 떨어지고 본질을 잃습니다. 마치 돈 자체가 돈으로 산 물건의 가치를 떨어뜨리는 것처럼 말입니다.

이 책은 90년도 더 전에 씌어졌지만 아직도 놀랍고도 명쾌한 울림을 줍니다. 지멜의 생각은 매우 깊었고, 세대를 잇는 우수한 독자들은 그의 글에서 불온한 진리를 찾아냅니다. 그것은 세대가 바뀌어도 유효했습니다. 지멜의 말은 이어집니다. "진실로 그 사람에게 가치 있는 것이 돈을 위해 제공될 때 삶의 질은 떨어진다." 예를 들어 돈을 위한 일시적 결혼이랄 수 있는 매춘에서, 돈으로 계산되는 섹스는 '개인 가치의 엄청난 하락'으로 이어집니다. 매춘부와 고객 모두 그 경험을 통해 더 나아지지 않고 오히려 더 나빠집니다. 동정의 판매, 관심의 판매, 더 나아가 많은 경우에 도와주는 손길의 판매는 똑같은 운명으로 이어집니다. 어떤 지점에선가, 값을 매기는 일은 봉사가 지닌 무형의 본질을 잠식하고, 제공되는 일의 중요한 가치는 사라져버립니다. 이는 복잡하지만 숙고해볼 만한 관념입니다.

그 많은 소송사건들이 시사하는 바가 뭘까요. 수없이 깨어진 약속, 그리고 돈으로 교환되는 가짜 '봉사service'들을 생각해보십시오. 2차대전 뒤 '서비스' 경제로 이행한 것이 오늘날 우리 사회가 불행해진 원인 중 하나가 아닐까요? 사회의 합의에 의해 무상으로 이루어지는 봉사의 책무를 받아들이지 않고, 돈을 주고 일을 맡길 때 그 대가는 솔로몬이 약속한 기쁨이 아니라 그 정반대, 불행으로 돌아오지 않을까요?

글쎄, 저는 그 답을 알지 못하지만 흥미롭게도 지멜의 이론을 뒷받침하는 작은 증거를 얼마 전에 발견했습니다. 《증여 관계 : 사람의 피에서 사회정책까지The Gift Relationship : From Human Blood to Social Policy》,

1971년 논픽션 부문 전미도서상을 받은 리처드 팃머스^{R. Titmuss}의 이 책은·자원봉사처럼 무상으로 주어지는 유용한 서비스가 상품경제체제에 편입된 서비스보다 가치가 있는지에 대한 연구를 보여줍니다. 물론 비교된 서비스는 내용에서 동일한 것입니다.

그는 상상력을 발휘해 피를 '사고파는' 미국 같은 나라들과 대가 없이 기부되는 영국 같은 나라들의 상황을 비교했습니다. 혈액의 질, 그리고 필요할 때 얼마나 쉽게 구할 수 있는지를 비교한 것입니다. 미국에서는 거의 모든 피가 도매가로 구매되고, 그 몇 배로 팔려서 이윤을 남깁니다. 영국에서는 거의 모든 피가 무상으로 기부되고 거저 증여됩니다.

책의 결론은 결코 모호하지 않습니다. 피가 거래되는 곳에서 그 품질은 형편없고, 값은 하늘을 찌를 듯하며, 부족 현상이 자주 일어납니다. 피가 팔리는 곳에서는 최고급 병원이라고 해도 구매자(수혈자)에게 위험한 일이 자주 일어납니다. 게다가 계산할 수 없는 손실까지 발생합니다. 피가 매매되는 곳에서, 공동체는 이웃과 손님에게 무상으로 나눠주던 전통을 잃습니다. 그리고 전통이 사라진 곳에서 기부자들은 공동선에 이바지함으로써 얻던 기쁨을 잃습니다. 피를 사고파는 건 우리 사회와 윤리를 갉아먹습니다. 대가 없이 자기의 피를 나누어 주는 사회는 오히려 다른 많은 면에서 건강합니다. 그런 사회에서 사람들은 더 행복해 보입니다.

피를 상품으로 변형시키는 일은 경제 관점에서, 공급 관점에서, 그리고 품질 관점에서 볼 때 효율성이 떨어집니다. 또, 사회적 비용도 높습니다. 미국 혈액공급은 세계에서 가장 상업화되어 있고, 또한 세계 최악입니다.

우리 어머니, 성서의 솔로몬, 지멜, 그리고 피 이야기에서 얻을 수 있는 교훈은 우리 학교를 위한 교훈이기도 합니다. 학교가 청소년들을 가둬놓고 소모시키고, 학생들의 노력의 산물이 곧 버려질 시험 답안지로 여겨진다면 그 과정에서 느낄 수 있는 기쁨은 없습니다. 성적에 따라 시간의 값을 달리 매기는 건 불합리한 가격제도입니다. 이런 가격제도에서 귀중한 시간은 전제적이고 부조리한 요구에 소모됩니다.

전문가들은 교육서비스를 정부에 파는 판매자들로서, 학교교육의 문제점을 시종일관 잘못 진단하고 잘못 판단해왔습니다. 문제는 아이들이 읽기, 쓰기, 산수를 아주 잘 배우지 못한다는 게 아닙니다. 아이들에게 문제가 있다는 건 사실 우리가 잘못 진단한 것입니다. 문제는 학교가 고집해온 교육방식으로는 아이들이 거의 배우지 못한다는 것입니다.

아이들이 읽기나 산수를 배우게 되는 것이 무엇보다 '가르침을 받아서' 그렇다는 것은 사실이 아닙니다. 아이들은 배우지만 결코 교육을 받아서가 아닙니다. 지나친 교육은 배움을 방해합니다. 거기서 살아남은 몇몇 아이들은 당연히 교육을 받아서 배우게 되었다고 상상하겠지만 말입니다. 식민지시대 미국에서는 체계 있는 의무교육이 전혀 없이도 다들 글을 잘 읽고 쓸 줄 알았습니다.

오랜 세월 동안 '기본 능력'을 둘러싸고 인위적으로 생겨난 히스테리는 우리로 하여금 아이들을 쓸모도 없는 학교교육에 맡겨버리기 위한 구실이 되었습니다. 이 구실 뒤에서 참된 사람들로 이루어진 생기 넘치는 공동체에 이바지한다는 소중한 가르침은 청소년들에게서 멀어졌습니다. 그리고 우리 모두는 나이를 뛰어넘어 건강한 성인들과 아이들이 맺어가는 상호관계에서도 멀어졌습니다.

오는 게 있으면 가는 게 있습니다. 받는 게 있으면 주는 게 있습니다. 아이들에게는 자원봉사를 통한 수업, 도제식 배움, 일과 학습을 병행하는 교육이 절실히 필요한데도 그 대신 나이가 같고 사회계급이 같은 아이들끼리 모아놓고서 펜을 쥐고 앉아 있게 합니다. 아이들은 그들의 시간이 낭비되는데도 이 불합리한 지배에 적응하고, 수동적이 되고, 지시에 따르고, 그러면서도 명랑한 태도를 유지하는 능력에 따라 값이 매겨지고 평가됩니다. 아이들은 아무것도 만들어내지 않지만 조용한 기생인이 되는 대가를 받습니다. 이는 아동의 미성숙한 기간을 연장시키는 공식이자 미국 카스트제도의 얼개였지만, 대규모 학교교육이라는 경제제도에는 충실히 이바지해왔습니다. 몇 해 동안 새장의 철망에 부딪혀보던 아이들은 대부분 포기하고 학교의 질 낮은 훈련에 익숙해집니다. 획일적이고 제한적인 학교교육만을 맛보는 현실을 끊임없이 합리화한 덕택에 오늘날 학생들은 실망스런 세계에서 의미 없이 감옥에 갇혀 있게 되었습니다.

우리의 문화적 딜레마는 잘 읽지 못하는 아이들과 아무 관련이 없습니다. 딜레마는 현대의 삶에 의미와 목적을 복원할 길을 찾기 어렵다는 데 있습니다. 읽기를 배워서 할 것이 없다면 읽기는 아무 소용이 없습니다. 우리는 여태껏 추상적인 교육을 더 높게 평가함으로써 아이들이 건강하고 온전하게 자라나는 데 필요한 기본 경험의 바탕을 빼앗아왔습니다. 우리가 봉사와 삶의 체험을 평가절하 하는 동안 추상적인 교육 또한 지멜이 예견했던 길을 걸어왔다는 것은 큰 모순입니다. 다시 말해 그의 예견대로 추상적인 교육 또한 점점 중요성이 떨어지게 된 것입니다.

이 과정의 동력은 미묘합니다. 무엇보다도 체험이 없다면 배움이라는 자연스런 과정은 사라집니다. 배움에선 언제나 실제 경험이 밑바탕이 되어야 합니다. 실제 경험에서 얻은 '기본 정보'가 바로 그 배움에 학문의 명칭을 붙일 수 있게 해주는 것입니다. 세계, 집, 이웃과 풍부하고 깊게 교류하면서 오랜 도제생활을 하고 난 뒤에야, 거의 의미가 없던 추상적 내용들이 제대로 된 의미로 다가오게 됩니다.

거의 서른 해를 교실에서 가르친 뒤에야 저는 벤저민 프랭클린이 분명히 십대에 깨우쳤을 사실을 알게 되었습니다. 그것은 바로 모든 방식 가운데에서 칠판과 공책, 교과서와 강의 교육이라는 편식만 하고서도 성장하는 이상한 방식에 적응하는 이는 우리 가운데 아주 소수뿐이라는 것입니다. 부자든 가난하든 거의 모든 어린이들이 관계를 맺고, 스스로 위험을 감수하면서 해보고, 책임을 떠안고, 모든 형태의 어른들의 세계에 친밀하게 섞여 들어가야 진짜로 배울 수 있습니다. 이것을 외면한다면, 그 안의 모든 이들이 서로 이름도 모르는 낯선 상태로 감금되어 있는 실험실 같은 세상을 만든다면, 우리는 이미 실패한 가정, 무너진 도시, 희망이 없는 개인들의 세상을 만든 것입니다. 그리고 종 모양의 정규분포 곡선을 그려놓고서는 진짜로 재능 있는 아이들은 원래 소수뿐이라고 우기는 상황을 만들어낸 것입니다.

어이없는 일이지요. 학교라는 공장과 여기에 이바지하는 모든 세력들이 화폐경제에 없어서는 안 될 부분이기 때문에, 그 참혹한 결과와 상관없이 목숨을 연장하고 있을 뿐입니다. 검증되지 않은 이 거짓 전제 때문에 국가 차원에서 골치를 앓는 문제아들이 생겨나고 있습니다.

무관심한 아이들, 비겁한 아이들, 정직하지 못한 아이들, 이기적인 아이들, 부모와 어른들 모두를 존경하지 않는 아이들, 서로에게 상처를 주는 아이들, 파란 스티커나 우등상 같은 쓸모없는 상을 받으려고 타인의 권리를 짓밟는 아이들. 결국 이 아이들은 자라나서 지금 우리가 그렇듯 변호사 국가의 고객이 됩니다. 기회만 생긴다면 어느 날 계약을 파기하고 약자를 짓밟는 사람이 됩니다.

당연하지 않을까요? 이것은 학교 무대에서 펼쳐지는 사례들입니다. 민주주의의 한복판에 있는 의무 학교교육의 논리는 본래의 국가 헌장과 모순됩니다. 이는 권리장전의 협정을 파기하며 아이들이 다른 방식으로는 배울 수 없고, 아이들에게 책임을 맡길 수 없다는 변명을 정당화하는 데 이용됩니다. 진실은 정반대입니다. 아이들에게 책임이 주어지지 않는다면 아이들은 제대로 배울 수 없습니다. 중앙집권적 통제의 손아귀에서 아이들이 배울 수 있는 교훈은 나쁜 교훈입니다. 새 생명 하나하나가 실제 세상의 필요에 맞게 스스로를 시험해보는 권리를 학교가 침해하고 있습니다. 학교는 무책임한 사람을 기르는 양성소가 되어 버렸습니다. 무책임함, 그것이 학교가 가르치는 거의 유일한 것이기 때문입니다.

학교는 그 목적이라는 비전이 절실히 필요합니다. 학교는 아이들을 다루는 정부의 일이 되어버렸고, 정부가 하는 일 중 가장 불량한 것이 되어버렸으며, 일만 만들어내는 것, 전혀 진정한 일이라고 볼 수 없는 것이 되어버렸습니다.

학교에서는 할 것이 아무것도, 또는 거의 없습니다. 지금 엘리트 고등학교의 교과서는 160년 전의 5학년 수준입니다. 그때는 의무교육이 생기기 전입니다. 학생들을 점점 무능하게 만드는 것은 사악한 음모라고 비판받지 않았고, 세대를 거듭할수록 학교교육을 잘 받은 아이들이 사회적으로 성공하여 부모가 됨에 따라 무능화는 점점 더 당연한 게 되어버렸습니다.

그렇게 피해는 축적되고, 그것은 곧 지탱할 수 없는 것이 됩니다. 우리 사회를 둘러보십시오. 우리는 아이들이 쓸모없는 자신의 모습을 외면하기 위해 사용하는 약물중독보다 훨씬 복잡한 중독의 소용돌이를 만들어냈습니다. 우리는 진실을 똑바로 바라보지 않으려 합니다. 그것은 마치 거울과 같아서 우리가 겪는 어려움의 진정한 뿌리에 대해 우리가 바라보는 것보다 더 많은 걸 드러내기 때문입니다. 우리는 아이들에게 열두 해 동안 무책임할 것을 강요했습니다. 아이들이 자기 자신과 우리를 싫어하는 건 놀라운 일이 아닙니다. 아이들이 회복될 수 없다는 것도 놀라운 일이 아닙니다. 아이 때에 다리가 잘리면 어른이 되어서도 제대로 걷지 못합니다.

전 세계에 미치는 과학기술의 영향력에 대해 사람들의 경각심이 커지면서 우리는 곧 교육의 근본 의문을 다시 생각할 기회를 갖게 될 것입니다. 이들 의문은 읽기, 쓰기, 그리고 수학과는 관계가 없고, 인간존재에 대한 근본 질문들과 더욱 가깝습니다.

어떤 커리큘럼에서 조화로운 삶이 추구될 것인가?

우리는 모두 어떻게 살아야 하는가?

우리는 우리 아이들에게 어떻게 해야 하는가?

저는 체계적이고 제한적인 학교교육이 쇠락할 운명이라고 봅니다. 그걸 손봐서 더 잘 돌아가게 할 방법은 없습니다. 제대로 돌아가지 않는 그 독점은 곧 무릎을 꿇어야 할 것입니다. 그것은 사람들에게 상처를 주고, 지나치게 비쌉니다. 그 목표대로 학교교육을 잘 받은 아이들이 길러진다고 해도 그 소수의 뒤에는 통치(학교교육)를 받은 아이들의 희생이 숨어 있습니다.

브루킹스 연구소Brookings Institute의 존 첩J. Chubb은 정부의 교육독점을 깨뜨리면 가난한 아이들과 유색인종 아이들이 피해를 입는다는 비난을 반박했습니다. 그는 사립학교와 교구학교가 공립학교보다 훨씬 차별이 없으며 비용도 절반밖에 들지 않는다는 수치를 증거로 들었습니다.

그러나 솔직히 말해서 저는 세상이 학교교육을 잘 받은 아이들을 만들어낼 수 있다고 결코 생각하지 않습니다. 그 아이들이 정부 공장에서 만들어졌든, 교회나 민간 기업에서 만들어졌든 상관이 없습니다. 우리에겐 미래를 주도할 다른 종류의 사람이 필요합니다. 사회 안에서 살아가는 의무를 기쁘게 받아들일 청소년들이 필요합니다. 이 새로운 곳에 다다르기 위해, 우리는 교육이 무엇이고, 학교는 무엇일 수 있는지에 대한 전망을 필요로 합니다. 그곳에 이르는 길을 찾는 데 필요한 서로의 희망은 그렇게 명쾌히 말할 수 있는 전망에서 찾을 수 있습니다.

'커리큘럼'이란 경주로를 뜻하는 라틴어로, 경주마가 목표지점까지 도달하는 길을 말합니다. 우리는 진실한 교육의 목표에 대해서 전국가적으로 동의한 적조차 없습니다. 다른 사람을 짓밟고, 시험에서 좋은 점수를 따고, '좋은' 직업을 얻는 것, 이 모든 것은 인간의 영혼이 필요로 하는 것을 저급하게 회피하는 것입니다. 이 모든 것은 건강한 전망이 감수해야 할 논쟁과 토론, 고통, 그리고 사랑이란 대가를 우리가 여태까지 치르지 않았다는 사실을 외면하게 하는 방법입니다.

전망이 없다면 '커리큘럼' 개혁을 둘러싼 논의는 쓸모가 없습니다. 새로운 과정을 따를 만한 가치가 있다고 해도 우리가 자신과 우리 아이들에게 믿음을 주지 못한다면 그것은 낡은 과정보다 나을 것이 하나도 없습니다. 그렇다면 무슨 소용이 있을까요? 그것은 우리 모두가 공유할 수 있는 것, 승리와 돈, 우리 몫의 재화보다 더 많이 갖는 것을 훨씬 뛰어넘는 것이어야 합니다. '무슨 목적으로? 왜 우리가 이렇게 해야 하는데?'라는 질문이 늘 되풀이될 것이기 때문입니다.

미국인처럼 실용적인 사람들에게는 성가시고 불쾌한 일이겠지만 과정은 뚜렷한 목표를 갖고 시작되어야 합니다. 민주주의라는 이름이 아깝지 않은 사회에서, 목표는 아래에서 위로 생겨나는 것이지 그 반대가 아닙니다. 제대로 이루어진다면 그 일은 매우 복잡할 것입니다. 셀 수 없이 많은 서로 다른 의제들이 갈등과 힘겨루기 속에서 설정되고, 우리는 마침내 복합적인 전망과 서로 다른 많은 커리큘럼이 필요하다는 것을 깨우칠 것입니다.

제 가정이 맞다면 우리는 선택의 여지가 없습니다. 현재의 시스템은 거의 파산할 지경에 이르렀습니다. 먼저 전체 식량공급이 위태롭습니다. 캘리포니아 연안의 어획량은 역사상 최저 수준입니다. 대륙 반대쪽 케이프 코드 만은 한때 거기서 잡힌 물고기가 사람이 그 위를 걸어다닐 만큼 컸지만 이제는 죽은 바다가 된 곳이 많습니다.

과격한 결론을 내리자면 우리는 바다가 죽어가고 있다고 믿어야 합니다. 공장식 농법으로 기른 옥수수를 한 양동이씩 거둘 때마다 인공적으로는 만들어낼 수 없는 겉흙이 한 양동이씩 사라지고 있으며, 이는 밀과 옥수수를 기르는 모든 지역에서 마찬가지입니다. 화학 농법으로 거두어 들인 식량의 가치는 이미 옛날 방식의 농업으로 거둔 자연수확물의 가치보다 훨씬 낮습니다.

제 가정이 맞다면 우리는 교육이 무엇인지에 대해 전망을 새로 세워야 하며, 그 전망을 향해 달릴 새로운 경주로를 필요로 합니다. 정부가 우리를 위해 그 일을 할 수는 없습니다. 이미 140년 동안 독점적인 학교에서 그렇게 해보았지만 날이 갈수록 더 나빠지기만 했습니다. 그들은 해법을 제시하기보다는 문제만 만들어왔습니다. 모든 아이들을 감금해놓고 성적이라는 어리석은 상을 따도록 다른 모든 아이들과 끊임없이, 날마다 경쟁하도록 부추긴 낡은 체제는 이미 고장 나서 손볼 수조차 없게 되었습니다. 수리될 수 있는 거였다면 지금쯤은 고쳐져 있을 겁니다. 차라리 속이 시원합니다.

성적이라는 가짜 돈과 우리가 물건을 사는 가짜 돈 사이에는 아무런 연관이 없습니다. 다만 임의적인 법률과 정책으로 일자리 시장을 조작하는 부정직한 연관성만 있을 뿐입니다. 예를 들어 평균점수가 아주 높은 학생들만 의과대학에 들어갈 수 있도록 법률이나 정책이 정해진다고 해도 그것이 가장 적합한 사람들이 의사가 되는 것을 보장하지는 않습니다. 변호사, 사업가, 엔지니어, 또는 교사들에게도 이와 똑같이 불쾌한 현실이 적용됩니다.

우리는 이미 또 다른 교훈을 얻었습니다. 학생들의 시간 전체를 돈, 성적, 또는 그렇고 그런 상 같은 상징을 얻기 위한 경쟁에 얽어매 놓는 것은 잘못이라는 것입니다. 이 교훈은 솔로몬의 잠언과 게오르그 지멜의 깊은 통찰과, 미국 혈액 공급의 두려운 현실과, 우리의 불행을 드러내는 미국 변호사 집단의 놀라운 출현에서도 얻을 수 있습니다. 우리는 서로 믿지 않고, 서로 좋아하지 않으며, 서로 보살피지 않고, 서로 침해하지 않을 수 없으며, 약속을 지킬 수 없습니다. 이는 사회적 재앙의 요리법일 뿐 조화로운 삶의 요리법이 아닙니다.

교육의 새로운 전망을 위해서는 돈과 성적을 넘어선 통화를 찾아야 합니다. 그 새로운 통화는 배우는 아이들에게 이로울 것입니다. 저는 열다섯 해 동안 부잣집 아이와 가난한 아이, 백인과 흑인 아이 할 것 없이 모든 학생들이 봉사학습을 하도록 프로젝트를 짜고 격려한 경험을 통해서, 공동선을 추구하는 커리큘럼은 가치가 떨어지지도 않고 부풀어 오르지도 않는 참된 통화의 중요한 일부가 된다는 것을 알게 되었습니다. 참된 통화는 한결같은 가치를 지닙니다.

모든 학문적 의문은 공동체에 진실로 도움이 될 수 있어야 하고, 또한 쉽게 사회봉사로 연결될 수 있어야 합니다. 저는 이걸 경험을 통해 깨달았습니다. 제 제자들은 늘 한 주에 하루를 온전히 사회봉사에 쏟았습니다. 아이들은 또래 문화에서 벗어나기 위해 보통 혼자 활동했습니다. 나이가 열두 살이거나 열세 살이어도 어른이 맡는 책임을 온전히 다 졌고 어른이 일하는 만큼을 다 마쳤습니다. 대부분 아이들은 맡은 책임을 말끔하게 완수했습니다. 제가 그런 프로그램을 처음 실험했던 해에도 똑같았습니다. 물론 가난하고 대학교육을 못 받은 부모 밑에서 방치된 채 자라는 아이들보다도, 부유한 가정에서 자라난 이기적이고 버릇없고 무관심한 아이들에게 더욱 효과가 있었지만 그 차이는 적었습니다. 아이들의 봉사를 받은 이들에게도 효과가 있었습니다. 그것은 사람들을 영적으로, 도덕적으로 그리고 학문적으로도 변화시켰습니다.

지난 몇 천 년 동안 서구 사회에서 우리는 시대별로 원대한 사회

전망을 세워왔습니다. 마르쿠스 아우렐리우스 같은 스토아 철학자의 비기독교적 전망, 샤를마뉴 대제와 플랜태저넷 가의 귀족적 전망, 아우구스티누스, 오리게네스, 그리고 순교자들의 기독교적 전망이 그 예입니다. 이 웅장한 관념들을 위해 커리큘럼이 개발되었고, 이 관념들의 기초원리에는 봉사의 이상이 있었습니다. 우리는 서로에게 의무가 있고, 우리 자신과 어울려 살고자 한다면 스스로 의무를 부과해야 한다는 의식입니다. 그것은 물질주의 철학 또는 신앙, 경쟁과 축적의 커리큘럼, 신분 상승의 커리큘럼을 바탕으로 세워진 학교에서 우리가 놓쳐왔던 중요한 비밀입니다. 이런 학교의 지침들은 자기만 아는 개인, 나쁜 공동체, 열악한 사회, 부패한 양심을 낳습니다.

변화해온 모든 전망들은 '나는 어떤 의무가 있는가?'라는 돈을 넘어선 질문에 대한 인류의 기록입니다. 그리고 이들 전망은 우리가 자기 자신을 변호할 수 없는 이들을 위해 발언하기만 한다면, 우리가 가난한 이들에게 관대하기만 한다면, 우리가 공동선을 추구하기만 한다면, 우리 삶이 의미로 가득 찰 것임을 약속합니다. 그것은 솔로몬에게 그랬고 우리 어머니에게 그랬고, 나머지 우리에게도 그러할 것입니다.

부록

게릴라 학습법을 말한다

개토는 뉴욕 맨해튼 지역의 중등학교에서 30여 년 동안 교사로 일하면서 학교체제에 순응하지 않고 나름의 교육을 시도하면서 그 활동을 일컬어 '게릴라 학습'이라 불렀습니다.(아이들은 스스로를 '개토의 게릴라들'이라고 일컬었답니다.) 학교를 그만두기 전 5년 동안은 이 방법을 적용한 1년 과정의 대안학급을 꾸리기도 했습니다. 이 이야기는 숨막히는 학교체제 안에서도 교사의 재량에 따라 아이들의 생명력을 꽃피울 수 있는 길이 있음을 보여줍니다.

게릴라 학습법에 대해서는 개토의 책 여기저기에 소개되고 있지만 짜임새 있게 하나의 글로 정리된 것이 없어 독자의 이해를 돕고자 민들레 편집실에서 정리해서 부록으로 싣습니다. 《바보 만들기》, 《수상한 학교》, 《교실의 고백》에서 발췌해서 재편집한 것으로, 《수상한 학교》에 실린 내용을 그대로 옮겨온 것도 있지만, 게릴라 학습법이라는 주제와 연결해서 다른 글과 함께 읽어본다면 또 다른 의미로 읽히는 바가 있을 것입니다. _편집실

개토 선생님과 함께한 일 년

개토 선생님은 남이 우리에게 무엇을 가르친다는 생각은 사기에 지나지 않는다고 늘 말씀하셨어요. 우리를 가르치는 유일한 사람은 바로 우리 자신이라는 거죠. 손가락 지문이 모두 다르듯이 우리는 저마다 자기다움을 갖고 있어요. 교육의 목적은 자기가 누구인지 알 수 있도록 저마다 나름의 개성을 발전시키는 것이겠죠.

자기발견은 누군가를 진정한 자기가 되게 하는 밑바탕이라고 생각해요. 아이들은 대부분 텔레비전에서 본 것을 흉내 내고 선생님이 하라고 한 것을 하지만, 그렇게 해서는 진짜 사람이 될 수 없죠. 자기 자신을 발견하고 평생 걸어갈 자신의 길을 찾기 위해서는 직접 경험

이 글은 게릴라 학습법을 적용한 일종의 대안학급(실험학교라 불리기도 했던 학교 안의 학교) 학생이었던 자말 왓슨Jamaal M.Watson이 계간 〈아이들의 말Children's Express〉에 썼던 것으로, 《교실의 고백》에도 실렸던 글입니다.

을 해봐야 하고, 그것도 어려운 상황에서 스스로 해봐야 해요. 이런 경험을 책에서만 얻는 것은 별로 이롭지 않죠.

개토 선생님이 좋아하는 실험학교 운영방식은 모든 아이들이 다섯 종류의 경험을 하는 거예요.

가장 중요한 첫 번째는 자기주도 학습이죠. 하루를 혼자서, 또는 친구와 같이 학교 건물에서 벗어나, 가고 싶은 곳으로 가서 우리가 하고 싶은 공부를 하는 거예요. 자기주도 학습이 가장 유용할 때는 큰 계획을 갖고 있을 때랍니다. 예를 들어, 고대 그리스와 로마, 이집트의 생활방식이 뉴욕시에 남아 있는 모습을 조사하는 것이죠. 먼저 건축과 법률, 의복 따위로 나누어 계획을 세우고 한 해에 걸쳐 그 답을 찾아갑니다. 그렇게 하루하루가 큰 계획을 향해 차곡차곡 쌓이면 그 모두가 자기 것이 된답니다.

이런 주제에 관심을 갖는 아이들은 많지 않죠. 그래서 한 해에 프로젝트를 5~10가지로 나누어 진행하기도 해요. 그 방법도 괜찮아요. 자신에게 알맞은 것이 올바른 것이고, 그것이 뭔지 알 수 있는 사람은 자신뿐이죠. 개토 선생님은 도와 달라는 말을 들을 때까지 어떤 도움도 주지 않습니다.

두 번째 경험은 인턴십 같은 것으로 일종의 도제살이랍니다. 저는 지금 웨스트 사이드 스피릿 신문사 주간 밑에서 도제살이를 하고 있어요. 누비아는 주 상원의원 패터슨 밑에서, 투완은 지하철 박물관 가이드 밑에서 일하면서 배우고 있죠. 도제살이를 하면 그 사람들이 일을 하면서 어떤 생각을 하고, 어떻게 결정을 내리고 무엇을 중시하는지 배우게 됩니다.

세 번째 경험은 사회봉사입니다. 우리는 한 주에 하루는 꼬박 남을 돕는 일을 해요. 밥만 축내는 사람이 되지 않고 변화를 만들어내고자 노력하죠. 어떤 아이들은 노숙인 쉼터에서 봉사하고, 어떤 아이는 노인시설에서 즐거움을 드립니다. 우리가 하는 일은 이런 일입니다.

그럼 일주일에 남는 날이 이틀뿐이라고요? 그 이틀 중에 어떤 날은 부모님이나 다른 사람들과 같이 가족 협동 커리큘럼을 진행합니다. 아버지 직장에 가서 하루를 보내거나, 어머니랑 화분에 꽃을 심기도 하고, 삼촌이랑 방에 페인트를 칠하고, 할머니께 책을 읽어드립니다. 우리 가족은 영원히 나와 떨어질 수 없는 가장 중요한 존재라는 것을 깨닫는 시간이죠.

마지막 경험이 '수업'입니다. 개토 선생님은 아이들이 번호가 매겨지고, 등급이 나뉘고, 또래들하고만 어울리는 걸 싫어합니다. 선생님은 종소리에 따라 우리가 실험실 쥐처럼 움직여야 한다는 것도 좋아하지 않죠. 하지만 우리가 학교에 있어야 하므로 선생님은 수업시간에 우리가 사고훈련을 할 수 있도록 합니다. 우리는 모든 것을 분석하고 '변증법'도 훈련합니다. 변증법은 어떤 권력이 주장하는 것이 완전히 틀렸다고 가정하는 사유방법이죠.

개토 선생님이나 우리는 언제 어떤 것을 하는 것처럼 계획된 일을 하는 것보다 스스로 결정하는 것이 더 중요하다고 생각해요. 우리에겐 계획되어 있는 것 말고 다른 것을 할 권리가 있어요.

하지만 여러분도 아시다시피 학교는 우리가 마음대로 하도록 내버려 두지 않습니다. 참고로 개토 선생님은 정규 공립 중학교에서 '실험학교Lab School'라는 대안적인 프로그램을 지도하고 있습니다. 많은 사람들이 뒤에서 우리를 헐뜯습니다. 우리 특성을 인정하지 않는 다른 많은 교실들이 우리를 공격하죠. 우리는 교과서를 사용하지 않고 모든 읽기 자료를 스스로 선택해서 복사합니다. 하지만 학교는 복사기 사용을 아예 금지했어요. 우리가 도시를 한 바퀴 둘러보려고 할 때 학교는 우리에게 2주일 전에 미리 알리지 않았으니 갈 수 없다고 했죠. 그럴 때 우리는 거짓말을 해서라도 학교를 빠져 나갔을까요? 그건 여러분의 상상에 맡길게요.

저는 일 년 반 동안 실험학교에 참여하면서 시에서 주관하는 글쓰기대회에서 두 번이나 상을 받았고, 텔레비전에 몇 번 출연했으며, 《데어데블Daredevil》을 만든 마블코믹북 기획자 애니 노센티 밑에서 오랫동안 도제살이를 했고, 뉴욕과 뉴저지의 스물두 군데 공사 현장을 방문했고, 학교를 다룬 영화에서 배역을 맡아 연기도 했습니다. 저는 아직 7학년인데도 말이죠. 가을에는 유명한 예술고등학교에서 강의도 들을 수 있었어요. 개토 선생님은 정말 제게 가장 좋은 선생님입니다.

나의 교육 여정

학교교육은 아이들에게 배우는 방식을 가르치지 않는다. 그것은 이제 비밀도 아니다. 학교교육의 비밀은 건강하고 주체적인 남성 또는 여성이 되는 법을 가르칠 의도가 애초부터 없다는 것이다. 그러나 그런 사람이 되는 것이야말로 정말로 스탠리가 원하던 것이었다.

나는 스탠리가 열세 살이었을 때 처음 만났다. 스탠리는 한 달에 겨우 한두 번 수업에 들어오는 정도여서 조만간 무단결석 단속에 걸려 혼날 것이 뻔했다. 스탠리는 반 친구들이 뚱뚱하다고 놀리면 훌쩍거리기는커녕 그저 친구들 머리통을 툭 칠 뿐이었다. 그러면 아이들도 두 번 다시 스탠리를 건드리지 않았다. 나는 그런 스탠리에게 호감을 갖고 있었지만 꼭 그런 모습 때문만은 아니었다. 스탠리가 사회봉사 처

이 글은 《수상한 학교》에서 발췌해서 재편집한 것입니다.

분을 받지 않기 바라는 마음에, 하루는 그렇게 무단결석까지 하면서 뭘 하는지 물어보았다. 스탠리가 들려준 이야기는 이후 내 삶을 바꾸었고, 나는 다시는 학교를 이전처럼 바라보지 않게 되었다.

스탠리에게는 삼촌과 고모가 다섯 명 있었는데 모두 스물한 살이 되기 전에 자기 사업을 꾸렸다. 스탠리도 이들의 길을 따르고 싶어 했다. 열세 살의 나이가 무색하게 스탠리는, 시간이 날개 달린 전차를 타고 쏜살같이 달아나고 있으며, 독립해서 살려면 이제 8년밖에 남지 않았다는 사실도 직시했다. 스탠리의 고모와 삼촌들이 하는 일은 꽃가게 운영, 원목 가구 제작, 가공 육류점 운영, 작은 식당 운영, 택배업 등이었는데, 스탠리는 학교를 빠지는 날이면 무급으로 그 일을 도우면서 사업 비결을 전수받았다. 그리고 그곳에서 학교의 낯선 전문가들보다 훨씬 많은 보살핌을 받았다. 스탠리에게는 학교를 빠지면서 놓친 수업보다 훨씬 더 좋은 교육을 받을 수 있는 기회였다. 스탠리는 나를 마주 보면서 이렇게 말했다.

"이런 식으로 여러 가지 사업이 어떻게 돌아가는지 배울 수 있어요. 선생님이 제가 읽어야 할 책을 일러주시면 다음번에 읽어 올게요. 하지만 다른 애들처럼 학교에 시간을 낭비하기는 싫어요. 다 남 좋으라고 공부하는 거잖아요."

나는 이 말을 듣고 양심상 스탠리를 학교 안에 가두면 안 되겠다고 생각했다. 스탠리의 어머니도 아이를 지지했다. 그래서 나는 스탠리를 감싸주면서 이 아이가 부케를 만들거나 가구를 만드느라 결석할 때면 출석으로 기록하기 시작했다. 스탠리를 가르치는 다른 교사들은 무슨 일이 있는지 아예 물어보지도 않아서, 오히려 이 아이가 눈에 띄지 않아 더 반기겠거니 생각했을 정도였다. 뚱뚱하긴 해도 놀랍도록 쾌활한 외모에서 발산하는 에너지를 보여주기라도 하듯 스탠리는 자기 이름의 't'를 쓸 때 밋밋한 작대기 대신 화살표를 그었다. 바로 그때부터 결석쟁이 스탠리에게서 배운 것을 잊지 않으려고, 나도 내 이름의 t를 적을 때는 같은 화살표 기호를 넣기 시작했다.

얼마 지나지 않아 나는 나치의 시스템에 사보타주를 벌였던 자크 루세랑처럼 이 교육 시스템에 사보타주를 벌이기로 마음먹었다. 대개는 평화로운 방식이었지만, 시간이 지나고 학교 문제에 대한 분노와 경멸도 깊어지면서 다소 격하게 충돌하는 경우도 있었다. 시행착오를 동반한 실험을 부단히 진행하면서('영어' 교사라는 본분을 내세워서) 나는 학생의 운명을 바꿀 만한 공식을 우연히 발견했다. '한 번에 한 명씩', 바닷가에 떠밀려온 불가사리를 살려내듯이.

그러기 위해서는 출생 이후부터 아이들 개개인의 자료를 찾아 상세한 자서전에 버금갈 만큼 모아야 했다. 아이의 삶에서 중요한 사람들, 인간 관계, 경험, 특별한 장소, 주변 사람들의 의견, 아이가 경험한 성취와 좌절 등. 다른 자료를 찾을 수 없어 학적부 기록이나 기억에 의존해야 하는 경우도 있었지만 그다지 좋은 자료는 아니었다. 역시 가족과 친구, 심지어 아이의 앙숙으로부터 얻은 자료가 가장 신뢰할 만했다. 그 외에도 누구에게서나 아이 삶에 대한 실마리나 사사로운 정보를 얻을 수 있었다.

두툼한 자료를 가지고 학생 개개인에 따라 맞춤식 프로그램을 짜고 나니, 학생과 나는 협력 관계로 맺어질 수 있었다. 거기에 중간 중간 피드백을 주고받으며 프로그램을 변경하는 식으로 유연하게 대처하면서 우리가 한 일은 학교가 할 수 없고, 할 수 있다 해도 하지 않았을 것들이었다. 생물학, 심리학, 사회학, 또는 종교 등 분야를 막론하고 어떤 배경에서든 모든 것이 정해져 있다는 결정론의 입장에 서 있는 사람이라면(학교는 시대와 상황에 따라 이 모든 결정론을 믿는다) 성장과 변화를 이끄는 '피드백'이라는 개념과는 담을 쌓게 마련이다. 열심히 학교를 다니면 개천에서 용 난다거나 지성이 성장한다는 전설 같은 이야기들도 있지만, 학교는 지금 우리가 사는 세상이 최선의 세상이니 모두 다 잘 되리라는 터무니없는 낙관론을 가장한 사회질서에 따라 움직인다.

개인 자료를 충분히 갖추고 나면 다음 단계는 개별 성취과제와 극복과제를 정하는 일이었다. 나는 아이들 저마다 학년이 끝날 즈음 통달의 경지에 이르고 싶은 일 세 가지를 꼽으라고 했다. 이 부분이 성취과제였다. 그리고 극복하고 싶은 약점이나 모욕적인 일을 당할 만큼 자신 없는 점이라든지(이제 그만 맞고 싶어요), 자기를 좌절케 하는 상황(내가 하고 싶은 일은 부자들만 할 수 있어요) 같은 극복과제 세 가지를 꼽으라고 했다. 나는 아이들이 하는 일에는 거의 아무런 검열의 잣대도 들이대지 않았고, 아이들 각자가 중요시 하는 일을 우선사항으로 삼았다. 이 프로그램이 제대로 돌아가게 하기 위해 학교행정 관리자와는 단 한 명도 상의하지 않았고, 다른 교사에게도 알리지 않았다. 비밀을 지킨다는 약속을 전제로 오로지 부모들하고만 소통했다.

이 일을 하려면 엄청난 수고를 들여야 하며 대규모 도시 학교에서는 행정적으로도 불가능하리라고 예상하겠지만 실제로는 꼭 그렇지도 않았다. 의지와 상상력, 전략, 여기에 방해가 된다 싶으면 규칙도 내다 버리는 결단만 있으면 되는 일이었다.

새로운 교육과정 속에서 아이들은 각자 동기를 찾았다. 정해진 규칙대로 수업을 받게 하고 이래라저래라 해서는 결코 볼 수 없는 열정을 보이며 활동했다. 여기에 교실에만 머물러 있는 교사는 결코 필적할 수 없는 갖가지 자원과 도움을 아이들 스스로 바깥에서 끌어모아 적용하니 생각보다 훨씬 수월하게 진행되었다. 아이들은 처음으로 저마다 열심히 참여해야 할 이유를 찾았다. 바로 자기평가였다.

한편 나는 나름대로 도대체 이 기괴한 제도가 어디서 연유했는지, 같은 세월을 거치며 전 세계에서 똑같은 모양으로 나타나는 이유가 무엇인지, 그토록 격렬한 비판을 외면한 채 더 세력을 키우고 많은 예산을 쏟아 부으면서 개인의 삶을 파고드는 이유가 무엇인지 파헤치기로 작심했다. 상상력을 발휘해 파고들어보면, 이 제도는 대중의 바람에 부응하기보다 인간의 본성을 망각한 유토피아적 과학소설에 가깝다는 사실을 알 수 있다.

교직생활 초기부터 나는 방대한 조사 작업에 착수해, 끔찍하다 못해 때로는 진위를 파악할 수 없는 글을 포함해 책 수천 권과 씨름했다. 지금까지 돌아다닌 거리로 치면 약 5백만 킬로미터에 걸쳐 온 나라와

전 세계를 다니며 학교 문제를 관찰하고 토론하며 논쟁했다. 몇 년 전에 발행되어 쇄를 거듭하고 있는『드러나지 않은 미국교육사』라는 방대한, 그야말로 괴물 같은 책이 그 결과물이다. 처음에 어느 대형 출판사가 교사로서는 상상도 못할 엄청난 액수를 제안하며 이 책을 내자고 했다가 일 년 넘게 미루더니 결국 출판을 거부했다. "높은 자리에 있는 친구들이 언짢아 할 겁니다." 출판사의 대답이었다. 이 말이 무슨 뜻인지 납득할 수 없다면 이 회사가 미국 3대 교재 출판사 가운데 하나라는 사실을 염두에 두면 좋겠다.

이렇게 해서 나는 철저히 연구하는 한편, 내 연구만큼 강도 높고 대담하게, 뉴욕시를 무대로 현장 학습을 병행하며 교직생활을 이어갔다. 한창일 때는 서로 다른 60개 장소에서 동시에 60개 학습과 연구가 진행되기도 했다. 우리들은 스스로를 "개토의 게릴라"라 부르며 단독으로, 작은 팀으로, 큰 모둠으로 움직이며 사전 예고나 허락에 구애받지 않고 공개 회의와 전시장, 공청회, 경매장, 법원, 작업장 등 기회만 된다면 어느 곳이나 들쑤시고 다녔다. 여론을 반영하여 이 세상 어떤 주제라도 다루고, 때로는 전문 뉴스 조직과 경쟁하는 일도 있었다. 순회 극단을 조직해 초등학교에서 공연하기도 하고, 언어 행위가 가능한 곳이라면 장소를 가리지 않고 다녔다.

자립과 자주, 전략적 계획 수립, 말하기·작문 등 능동적 문해 능력 향상, 용기와 호기심 함양, 자기 삶을 기록하는 능력 등 아이들이 성취를 염두에 두고 정한 목표는 많았다. 또한 학교교육이 소수에게만 한정해 지식과 행동상의 우월성을 쌓아올린 장벽을 검증하는 것이 우리의 최종 목적이었다. 아이들은 학교에서 벌어지는 관행 가운데 자신들의 성장과 발달을 가로막는 행위를 일목요연하게 목록으로 작성했다. 자기 의사에 반한 감금, 화장실 갈 때 받아야 하는 허락, 수업 종, 하찮은 상으로 끊임없이 경쟁을 유도하는 행위, 각종 평가 등이 목록에 들어갔다. 이렇게 목록을 작성하고 나서, 각각의 항목이 왜 만들어졌고 그 효과가 무엇인지 토론하니 아이들이 학교생활에 대해 갖는 마음가짐에도 변화가 일어났다. 아이들은 낯선 사람들에게 자신의 교육을 맡기는 대신, 자기를 스스로 교육하는 일에 기꺼이 책임지려 했다. 혁명 같은 일이 벌어지고 있었다.

게릴라 학습법으로 세상을 배우다

성장에는 피드백이 필요하다

내가 '텔레비전 없는 미국'이라는 단체의 자문위원이라는 사실을 밝히면서 이 글을 시작하려 한다. 교사로 일하던 시절 나를 화나게 하는 아이들은 하나같이 텔레비전에 흠뻑 빠져 살고 있었다. 이 아이들의 행동은 썩 좋아 보이지 않았다. 무책임하고, 유치하고, 불성실하고, 다른 아이들에게 짓궂게 굴었다. 다른 일은 제쳐 두더라도, 사는 목적이 보이지 않았다. 꾸며낸 이야기에 몰입하고 남의 삶을 대리하는 연기자들을 삶의 모델로 삼아, 수준 낮은 프로그램에 너무 빠져들고 세상 일을 너무 많이 보고 들어서(힘센 광고주의 심기를 건드리는 내용은 거의 없을 것이다) 아이들은 진실되게 행동할 힘도, 성장할 동력도 잃었다.

이 글은 《수상한 학교》에 실린 글입니다.

학교와 마찬가지로 텔레비전이 아이들의 영혼을 빨아먹을 수 있는 이유는 아이들에게서 자기 이야기를 써내려갈 시간을 훔쳐왔기 때문이다. 여기에 컴퓨터까지 더해져 상황은 더욱 심각해졌다. 컴퓨터는 쌍방향이라는 점에서 잠재적으로 긍정적인 측면이 있다고도 하지만, 내가 보기에 사용자 상당수는 외설물에 탐닉하고, 사람이 아닌 프로그램을 상대로 게임에 빠져들며, 호객 행위나 다름없는 볼거리에 넋을 잃어 결국 소비의 덫에 걸려든다. 사용자 입장에서의 능동적 행동은 없을 뿐 아니라, 인터넷이 등장하면서 좋은 습관을 들이지 못하면 너무도 쉽게 자제력을 잃게 되어, 이 유혹들을 이겨내기란 무척 힘들다.

나는 중독된 아이들에게 해독 작용을 할 만한 이론을 찾아 헤맸지만, 해결책이랍시고 설교하는 꼴이 되어 금세 접어버렸다. 아이들도 텔레비전과 게임, 인터넷에 대해서는 지겹게 들어왔기 때문에 더 이상 귀담아 듣지도 않았다. 구원투수는 다른 데서 찾아야 했다. 이런 것들이 정말로 해롭고 지적 성장을 방해하며 아이의 성격을 망치는 게 확실하다면, 해결책은 책상 앞에 가만히 앉아 있게 하는 게 아니라 몸을 움직이려는 자연스런 성향에서 찾아야 한다. 아이들을 학교 의자에 붙들어 매어둔 채 남의 연주를 보고만 있으라고 꼬드겨 스스로의 연주 본능을 억누를 게 아니라, 자리에서 일어나라고 해야 한다.

고장의 원인은 타고난 피드백 회로를 차단해 아이들이 시행착오를 겪으며 배울 수 있는 기회를 눌러버리는 데 있다. 초보자가 혼자 힘으로 작은 배를 몰려고 할 때 목적지를 전방에 두고 바람을 정면에서 맞게 되면, 어쩔 수 없이 바람을 안고 좌우 지그재그로 배를 몰아야 한다. 그러나 이리저리 방향을 바꾸면서 피드백을 주고받는 동안 스스로 판단을 할 수 있기 때문에 초보자는 연습을 통해 금세 실수를 만회하고 제대로 나아갈 수 있게 된다. 연설에 통달하기 위해서도 마찬가지 과정이 필요하다. 문장구조를 리듬에 따라 쪼개고, 주제와 상황에 따라 음색과 어조에 변화를 주어야 하는 등 복잡한 기술이 필요하다. 그리고 가장 중요한 변수는 연습에 투자한 시간이다. 두 경우 모두 피드백을 충분히 받으면서 의욕이 샘솟는 상황일수록 더 빨리 능숙한 경지에 이르게 된다.

관료들이 그렇게도 굼뜬 이유는 피드백에 효과적으로 반응할 줄 모르기 때문이다. 학교운영만 하더라도 아주 오래전에 만들어진 규칙에 얽매여 있는데, 마치 인생살이를 공식으로 만들어 성문화할 수 있다고 믿는 모양이다. 학교의 관리체제는 교사와 학생, 부모 외 학교 밖에서 주어지는 다양한 피드백을 받아들이지 못하고 도리어 저항하고 분노한다. 그 내부의 응집력이 서로 주고받는 상호작용에 있지 않고 규칙에 있기 때문이다.

교육에 관한 한 어느 곳에서든, 심지어 그 대상과는 원수지간일지라도 피드백을 주고받을 수 있어야 한다. 이런 이유에서 아이들이 얼마나 엄격하게 명령을 따르며 사는지 자세히 관찰해보니, 명령에 따르다 보면 피드백을 통해 성장할 수 있는 선천적 능력을 전혀 발휘할 수 없는 상황이었다. 나는 이 선천적 생물 회로를 되살리면 아이들이 미디어에 찌들어 드러내는 섬뜩한 행동도 줄어들 거라고 기대했다. 그 기대는 적중했다.

내가 기획한 게릴라 교육과정은 흔한 '대안적' 과정과는 달랐다. 학교에 만연한 활동 제약으로 꼼짝없이 앉아 있는 아이들을 움직이게 하는 일이 내 교육과정의 목표였으며, 활동이 있더라도 피드백을 유발하지 않으면 바꾸려고 했다. 아이들 스스로 어떤 지향점을 가지고 충분히 활동한다면 잔소리 듣는 일 없이 스스로 모니터를 꺼버릴 수 있을 것이다. 아이들이 쓰는 유치한 표현은 미디어 프로그램의 내용 때문이라기보다는, 아이들의 삶에서 진짜 경험을 빼고 남이 겪은 가짜 경험을 그 자리에 채워 넣는 파괴적인 계략 때문이라는 사실을 나는 직감하고 있었다.

나는 아이들에게 내 계획을 말했다. "현실에 직접 뛰어드는 것이야말로 포장된 세상을 화면으로 바라보는 것보다 훨씬 재미있고 보람 있는 일이다. 내가 너희에게 지워진 구경꾼으로서의 삶을 집어던질 수 있도록 돕겠다. 그래서 자기 삶의 플레이어가 되도록 할 거다." 아이들은 이 말을 듣고 살짝 놀라는 눈치였다.

학교에 있는 사람들에게는 내가 무슨 일을 하려는지 알릴 수 없었다. 그 대신 부모들에게는 적극적으로 참여해 달라고 부탁하는 노력을 아끼지 않았다. 셴 웬룽이 수많은 규칙을 무시하고서 독일 기술자들보다 세 배나 빨리 피닉스 제철소를 해체해 상하이에 들여올 수 있었듯이, 나도 규칙을 벗어나서야 이 게릴라 교육과정을 움직여 효과를 볼 수 있었다. 이 교육과정은 시작부터 고무적인 결과를 가져왔다.

아이들은 만만치는 않아도 활기 넘치는 삶의 바다에 풍덩 빠지고, 뉴욕주를 넘나들며 탐험길에 오르고, 사법체계를 연구하며 자기들의 법률 문제를 고민하고, 경제 문제를 뜯어보며 자기 사업을 구상했다. 또 공개토론에 참여해 발언하고 행동하면서, 자신들이 그 동안 그저 어둠 속에 앉아 소중한 시간을 습관적으로 낭비하고 있었다는 사실도 깨달았다. 수업으로는 절대 깨우칠 수 없는 학습이었다. 그리고 아이들의 자각이 깊어지면서 전자미디어에 의존하던 생활습관도 점차 사라졌다.

뉴욕의 산티아고 순례길

스페인 북부에 카미노 데 산티아고라고 불리는 중세의 순례길이 있다. 게릴라 교육과정은 이 순례길에서 크게 영감을 얻었다. 해마다 전 세계에서 많은 사람들이 사도 야고보가 묻힌 도시, 산티아고 데 콤포스텔라를 향해 수백 킬로미터를 걷는다. 오래된 풍습이지만 현대에 와서는 종교와 무관한 사람들, 삶의 무게로 세상과 소원해진 사람들도 이 길을 찾는다. 사람들은 이 길을 걸으며 자신과의 관계를 회복하고 스스로 신뢰를 갖게 되며, 자연에 다가가고 역사와 문화를 즐기는 한편, 사색의 시간을 갖는다.

나는 아이들이 텔레비전과 컴퓨터 때문에 자기 자신은 물론 가족과 자연으로부터 멀어졌다면, 비슷한 순례여행을 통해 다시 돌아오는 방법을 찾을 수 있으리라 가정했다. 그래서 열세 살 된 아이들을 뉴욕시 다섯 개 자치구를 혼자 걷는 여행길로 내보냈다. 맨해튼 둘레 약 50킬로미터를 걷는 아이들도 있었고, 다양한 동네를 돌아다니고 비교하면서 그곳 사람들과 일거리를 상세히 조사해 자료로 만든 아이들도 있었다. 사람들의 차림새, 말투, 건축양식, 상점에 진열된 품목 등이 중요한 자료가 되었고 인터뷰와 문헌 연구를 합치면서 내용은 더욱 풍부해졌다.

센트럴파크 구석구석을 조사해 지도로 만든 아이도 있었고, 커다란 대학 캠퍼스와 상업지구, 교회, 박물관을 총망라해 지도로 만든 아이, 교육청이나 경찰청 같은 관청에 무턱대고 찾아가보는 아이도 있었다. 그러나 어느 경우든 아이들의 개인 활동이지, 결코 학교의 견학 활동은 아니었다. 아이들은 보고 온 내용에 설명과 분석을 곁들여 다른 사람들이 활용하도록 안내용 소책자를 만들고, 자기들도 내용을 익히며 활용했다.

분명 가치 있는 일이었지만 그렇다고 억지로 떠밀려서 하는 아이는 없었다. 그러다 보니 일 년 내내 이 여행을 하게 해달라는 요청이 끊이지 않았고 누구나 시간을 내 하루, 이틀 정도(열흘짜리도 가능했지만 그렇게 하려면 학교의 감독을 피하기 위해 더 교묘한 수법을 동원해야 했다) 학교를 벗어날 수 있었다. 여기에는 혼자 걸어야 하며, 쓸모 있는 분야의 연구가 따라야 한다는 조건이 있었다.

세상으로 가는 열쇠

사위가 아이슬란드 사람인 인연으로, 나는 이 먼 나라의 문화를 가능하면 많이 배우려고 애썼다. 그래서 혼자 이것저것 자료를 찾아보던

중에 게릴라 교육과정에 큰 영감이 될 만한 자료를 우연히 손에 넣었다. 아는 사람이 『여행자를 위한 아이슬란드행 열쇠』라는 여행 안내서를 빌려주었는데 참 기묘하고도 멋진 책이다. 이 책에서는 독특하게도 나라의 모든 길을 하나하나 소개하고 있는데, 이 길을 따라 아이슬란드라는 나라 자체와 옛 이야기가 생생하게 살아 있는 환경을 만나게 된다. 이 언덕에는 은을 가득 담은 궤짝 두 개가 묻혀 있다든지, 여기서 다리가 무너지는 바람에 살인자가 탈출했는데 결국 무죄로 밝혀졌다거나, 이 온천에서는 악명 높은 무법자가 고기를 삶았으며, 저 너머에 농장이 하나 있는데 농장 주인이 임산부를 받아주지 않았다가 그날 밤 산사태가 나서 산 채로 묻혔다는 이야기 등등.

이 책에는 최고의 역사가 실려 있고 그 모든 내용이 활기를 얻어, 지도책에 그려진 추상적인 선들이며 역사책에나 나오는 문장들이 생생하게 살아 있다. 아이들은 이 책을 본보기로 해서 맨해튼 안내서를 제작해, 가볼 만한 곳을 소개했다. 수업을 빼먹고 숨어 지내기에 가장 좋은 장소, 맛있는 피자 가게(물론 형편없는 가게도 언급했다), 학교 반경 열 블록 안에 사암으로 지은 고급 아파트의 건축 양식, 다섯 개 자치구에 있는 수영장 등이 소개되어 있다. 결과적으로 흔치 않으면서도 가치 있는 정보가 가득하며, 문화적 맥락에 대한 사회학적 분석도 풍부한데다 이용자의 입장에서 기록한 평가도 꽤 쓸 만했다. 집 밖으로 멀리 나가지 못하거나 공원 벤치에 앉아 시간을 보내는 어르신들에게 숨은 지식과 견해를 캐내 수록했다는 점에서 실험적인 시도도 많았다.

이렇게 생산지향적인 변화가 일어나자, 모니터와 스크린은 더 이상 아이들의 주의를 낚아챌 수 없었다. 배우들의 연기를 보는 일은 직접 활동하는 일만큼 보람도 없다. 현실이란, 지적 흥미를 강하게 자극하는 일과 만나면 아이들의 피드백 회로를 작동시켜 실제 성장을 이끌어내기 마련이다. 그 결과가 매우 뚜렷하기 때문에 나는 행동이나 도덕 관념에 문제가 있는 아이라도 학년 말이 될 즈음에는 재미있고 활동성 있는 아이로 바뀌게 되리라고 기대했다. 사실 이런 일들은 인간이 오래 전 동굴생활 하던 시절부터 해왔던 일이니 나의 공로로 돌릴 만한 일은 결코 아니다. 힘든 도전을 정면으로 받아들이는 일이야말로 자기완성과 자신감에 꼭 필요한 요소이다. 그렇다고 복잡하거나 어렵지도 않다.

뜻밖에도 이 일은 무척 쉬웠다. 능력이 있어야 하는 일도 아니고 돈도 들지 않았다. 누구나 우리의 결과물을 가져다 따라 해도 좋았다. 물론 해마다 아이들 130명과 함께 이 작업을 한다는 것은 고된 일이기도 하거니와, 학교의 압박을 피해 여러 가지 방법을 찾는 데도 엄청난 노력을 기울여야 한다. 배움에 알맞은 시스템이라면(사회적 통제에는 맞지 않겠지만), 그런 수고에서 오는 짜릿함이 워낙 커서 거기에 쏟아부은 노력을 보상해주고도 남는다. 그리고 물론 아이들을 사슬로 얽매지 않고 사회구성원 모두가 아이들의 지성과 됨됨이를 올바로 이끌어야 한다고 공감한다면 이 작업은 아주 쉬워질 수 있다.

해를 거듭하면서 내가 가르친 아이들이 유용한 프로젝트를 해내고 무수히 많은 갈채에 상까지 받아오면서 나도 덩달아 교육기관이 주는 상을 여러 차례 받았다. 물론, 상을 준 단체들은 내가 이런 결과를 어떻게 일구어냈는지 전혀 모른다. 내가 시상 단체에 아이들의 일에 내가 관여한 바가 별로 없다고 해명을 해봤으나 으레 하는 겸손의 표시로 여겼는지 소용이 없었다. 그러나 내가 누구인지 입증해 보일 근거가 없는 요즘은 여러분이 내 말을 믿어주기를 간절히 바라는 마음뿐이다. 부디 아이들의 어깨를 짓누른 그 무거운 형틀을 거두고 당신의 욕구가 아닌 아이들의 욕구를 파악한다면, 전문가들의 위협에 겁먹지 않고 아이들을 중요한 인생 경험으로 연결해주며, 승자와 패자의 게임을 집어치운다면 나 같은 결과를 얻을 수 있을 것이다. 아마 더 나을지도 모른다.

모든 삶에는 내면의 시계가 똑딱거리고 있으며, 이제 현실에 따라 살라고 주의를 준다. 진짜 해야 할 일을 하고, 진짜 배워야 할 기술을 배우라고. 진짜 싸워야 할 대상과 싸우고, 진짜 모험을 하며 진짜 머리 싸매야 할 일을 고민하라고. 그리고 머릿속에서 죽음을 지우지 말고 늘 염두에 두면서 삶이 얼마나 짧고 절실한지 결코 잊지 말라고.

비록 기계와 결합한 반反 생명 풍조에 깊이 빠져 있지만 여기서 빠져나가려면, 적어도 현실적으로는 간단히 플러그를 뽑아버리면 그만이다. 텔레비전에 흠뻑 취한 아이들에게 텔레비전 속 거짓 삶보다 실제 삶이 훨씬 재미있음을 보여주면 나머지는 자연이 다 알아서 할 것이다. 그러나 여기서 주의해야 할 단어는 '말하는' 게 아니라 '보여주는' 것임을 잊지 말자. 내가 텔레비전에 대해 쏟는 걱정은 컴퓨터에도 마찬가지로 적용된다. 제도의 개입에 영향 받지 않고, 이 기계의 초월적

힘으로 서로를 연결하면서도 불완전한 인간으로 만드는 또 다른 영향력을 피하는 일이 21세기 우리가 직면한 가장 큰 도전장이다.

만약 우리가 고등학교 기간을 반으로 줄이고 거기에 쏟아붓는 돈으로 모든 아이들이 각자의 산티아고 길을 걷도록 한다면, 이 도전을 극복하는 데 큰 도움이 될 것이다. 그 걸음은 초등학교 중퇴생으로 남미 끝 티에라 델 푸에고에서 북미의 끝 포인트 배로까지 걸었던 조지 미건만큼 대단하지 않아도 된다. 고등학교를 중퇴해 8미터짜리 보트에 혼자 올라 세계를 돌고 온 타니아 애비처럼 굉장할 필요도 없다. 그러나 이 나라 모든 아이들이 학교교육으로 자기만의 심오한 도보여행을 해서는 안 될 이유도 결코 없다. 정부가 해주지 않는다면, 우리가 직접 나서서라도 해야 한다.

자신을 가르치는 교과과정

나는 아이들에게 조금씩 게릴라 학습법을 알려주기 시작했다. 인간이 늘 스스로를 가르치는 데 써온 재료들을 힘닿는 대로 많은 아이들에게 찾아주려고 했던 것이다. 혼자만의 영역, 선택의 기회, 감시로부터의 자유, 그리고 제 한정된 능력과 밑천이 베풀어줄 수 있는 최대한 다양한 인간관계와 상황의 경험, 간단히 말해서 아이들 자신이 스스로의 교사가 되고 자기 교육의 주교재가 될 기회를 갖는 그런 상황을 만들어주려고 한 것이다.

내가 추구하기 시작한 이념을 이론적으로, 그리고 비유적으로 표현하면 이렇다. 교육이란 그림보다는 조각과 비슷한 것이다. 그림이란 표면에 물감을 덧붙임으로써 형상이 만들어지는 것임에 반해 조각이

이 글은 《바보 만들기》에서 발췌해서 재편집한 것입니다.

란 재질의 일부를 떼어냄으로써 재질 안에 내재하던 형상이 풀려 나오는 것이다. 이게 중요한 차이다. 그런 관점에서 나는 아이들의 조그만 머리통에 내가 가진 전문 지식을 채워 넣어주는 전문가의 입장을 버리기로 했다. 대신 아이들의 내재적 재능의 구현을 가로막는 요인들을 제거해주는 일을 시작했다. 기회 있을 때마다 나는 교습의 전통을 벗어나 자신의 가치를 향한 길을 스스로 찾도록 아이들을 풀어주려고 노력했다.

이런 교육방법이 성공하기 위해서는 큰 신뢰가 필요하다. 잘하고 못하는 데 따라 조건부로 주어지는 신뢰가 아니라 자연적이고 총체적인 신뢰여야 한다. 사람은 제멋대로 잘못을 저지르고 나서 스스로 바로잡을 기회를 가져야만 자신을 제대로 파악할 수 있다. 그렇지 않고 다른 사람의 행위를 암기하거나 모방만 한다면 그 능력은 흉내에 그칠 수밖에 없다. 내 방법이 성공하기 위해서는 또한 여러 가지 인습적인 관념들을 뒤집어 볼 필요가 있다. 공부할 가치가 있는 것들이 어떤 것들인지, 바람직한 인생을 이루는 데 어떤 요소들이 필요한지 하는 관념들 말이다.

얼마 전 나는 우리 반의 열두 살짜리 여자아이에게 70달러를 주고, 영어를 못하는 자기 어머니와 함께 버스를 타고 뉴저지 해안에 가서 시브라이트 마을의 경찰서장을 점심에 초대해, 그 마을 해안에 음료수 병을 버려 더럽혔던 일을 사과하고 오도록 시켰다. 이 정중한 사과에 대한 답례로 경찰서장은 아이에게 시골마을 경찰서의 하루 일과를

견학시켜주도록 미리 조정을 해놓았다. 그 며칠 뒤에는 역시 열두 살
짜리 애들 둘에게 할렘에서 웨스트 31번가까지 가서 어느 신문 편집
인 아래서 견습 일을 하게 했다. 또 그 뒤에는 아이들 셋이 새벽 여섯시
에 트럭회사로 가서 바퀴가 열여덟 개 달린 대형 트럭들을 댈러스로,
시카고로, 로스앤젤레스로 내보내고 있는 사장을 관찰하게 했다.

　이 아이들이 '특별' 프로그램에 선발된 '특별한' 학생들이냐고요?
어떤 의미에선 그렇지만, 이 프로그램의 존재를 아는 것은 나와 그 아
이들뿐이다. 그 아이들은 할렘 중심부에서 온 괜찮은 아이들이다. 똑
똑하고 민첩한 아이들인데, 내가 처음 맡을 때까지는 학교교육의 폐
해에 얼마나 찌들었는지 대부분 덧셈, 뺄셈도 제대로 못했더랬다. 그
런 게 걱정이 되냐고? 물론이다. 그러나 그 아이들이 스스로의 앎을
갖게 되면 스스로를 가르칠 능력 역시 갖게 될 것이라고 믿는다. 오래
가는 가치를 갖는 것은 오직 스스로의 가르침뿐이다. 우리는 즉각 아
이들에게 독립된 시간을 주어야 한다. 그것만이 스스로의 앎을 얻게
할 수 있는 길이다. 그리고 가능한 한 빨리 아이들을 진짜 세상과 접할
수 있게 해서 자신의 시간을 추상화된 관념이 아닌 진짜 일에 쓸 수 있
게 해주어야 한다.

　인류의 역사를 처음부터 끝까지 훑어보아도 아이들을 창고에 몰아
넣고 공익을 위해 봉사할 기회를 일체 주지 않는 것은 우리의 일그러
진 이 사회뿐이다. 당분간 지역사회봉사를 학교교육의 필수 내용으로
할 필요가 있다고 생각한다. 이것은 아이들에게 이기심을 벗어난 경
험을 줄 뿐 아니라 그들이 인생의 본류에 들어섰을 때 진짜 책임감을

갖게 할 수 있는 가장 빠른 길이기도 하다.

나는 학교를 그만두기 전 5년 동안 게릴라 학습과정이라는 것을 시도해보았다. 그 주요한 내용은 가난한 집 아이건 부잣집 아이건 똑똑한 아이건 어릿어릿한 아이건 일 년에 320시간씩 힘든 봉사활동을 하게 한 것이다. 그 아이들 가운데 수십 명이 나중에 어른이 되어 찾아와 다른 사람들을 도와준 그 경험이 자기 인생을 바꿔놓았다고 들려주었다. 그 경험으로 말미암아 그들은 세상을 바라보는 새로운 관점을 얻고, 목적과 가치에 대해 다시 생각할 수 있었다고 했다. 만 열세살 때 겪은 경험이다. 그 프로그램이 가능했던 것은 내가 속해 있던 부유한 학군이 혼란에 빠져 있었던 덕분이었다. '안정'을 되찾자 그 프로그램은 폐지되었다. 그 프로그램처럼 적은 비용으로 광범위한 학생들에게서 커다란 성취를 일으키는 프로그램을 계속하도록 허용할 리가 없었던 것이다.

독립적인 학습법, 지역사회에서의 봉사활동, 모험과 경험, 충분한 개인 시간과 혼자 있기, 온갖 종류의 견학과 견습, 이것들은 모두 진정한 학교제도의 개혁을 위한 강력하고 값싸면서도 효과적인 방법들이다. 그러나 우리의 상처 입은 아이들과 사회를 회복시키기 위한 본격적인 개혁이 이루어지기 위해서는 '학교'의 개념을 열어젖혀 가정을 교육의 주된 동력원으로 받아들여야 한다. 학교가 아이들을 부모로부터 떼어놓는 역할을 맡아온 것은 뿌리 깊은 전통이다.

'가정이라는 교과과정'은 모든 훌륭한 삶의 알맹이가 되는 것이다. 그런데 오늘날 우리는 이 교과과정에서 벗어나 있다. 이제 돌아갈 때가 되었다. 교육이 정상화되기 위해서는 온갖 제도가 가정생활의 목을 졸라오던 것을 학교가 앞장서 풀어줘야 한다. 학교가 열려 있는 동안에도 부모와 자녀 사이의 상호작용이 원활하도록 북돋워 가족관계가 강화되도록 이끌어가야 한다. 그 여자아이를 어머니와 함께 뉴저지 해안으로 경찰서장을 만나러 가게 한 진짜 이유가 이것이었다.

가정이라는 교과과정을 만드는 방법에 대해 나는 여러 가지 생각을 갖고 있다. 여러분도 마찬가지로 다들 많은 생각을 갖고 계실 것이다. 그런데 학교교육의 개혁에 필요한 풀뿌리 사고방식이 확산되는 데는 한 가지 큰 장애가 있다. 그것은 겉으로 말은 어떻게 하든, 모든 방송 시간을 점령하고 지금대로의 학교제도에서 이득을 얻고 있는 거대한 기득권층의 존재다.

새로운 목소리, 새로운 생각을 들어 달라고 요구해야만 한다. 텔레비전과 신문으로 쏟아지는 권위 있는 목소리에는 이제 우리 모두 신물이 났다. 지금 필요한 것은 만인이 참가하는 십 년에 걸친 대토론회다. '전문가'의 의견이 아니다. 교육의 전문가들은 옳은 말을 한 적이 없다. 그들이 내놓는 '해결책'이란 비용은 많이 들고 자기네들에게만 유리한 것이며 예외 없이 중앙집중의 강화를 지향하는 것이다. 그 결과를 우리는 지금까지 보아왔다. 이제 돌아갈 때가 되었다. 민주주의로, 개인의 세계로, 가정으로.